Ximena Gómez & George Franklin

Conversaciones sobre agua • Conversations About Water

Ximena Gómez **&** George Franklin

Conversaciones sobre **agua**

Conversations About **Water**

poetry crossover

katakana
editores

Conversaciones sobre agua / Conversations About Water
Primera edición 2022

© Ximena Gómez

© George Franklin

Editor: Omar Villasana
Diseño y maquetación: Elisa Orozco

© D.R. de esta edición katakana editores 2022

ISBN: 979-8-9865284-2-7

katakana editores corp.
Weston FL 33331

✉ katakanaeditores@gmail.com

Table of Contents • Índice

III.

You have to work for sweetness.
Hay que trabajar para obtener dulzura.

IV.

None of them are left anymore....
Ya no queda ninguno de ellos...

V.
No reverdecerá la montaña.
The mountain won't turn green again.

VI.
In the future that doesn't exist yet....
En un futuro que aún no existe....

Preface

This book is not just the record of a conversation; it *is* the conversation, poems that respond to each other, as intimately and truthfully as possible. Just as we have brought our personal and family histories to our life together, so we have brought them to these poems. The book begins with the last illness and death of Ximena's father and continues with our lives during the pandemic. It is also shadowed by the political realities of Colombia and of the United States. Ximena came to this country as a refugee many years ago and now translates immigration narratives for other refugees. Whitman wrote, "Camerado, this is no book; / Who touches this touches a man." He was right, but that statement applies to many more books than his, perhaps even to all books. This book is the life we have lived since meeting five years ago. When we turn the pages, we see ourselves walking in Cali, translating poems, making dinner, worrying about friends and family, and following at night the narrow asphalt path that runs by a canal near our house in Miami. Both our intimacies and our griefs are made public.

There is very little that human beings can pose against loss and the knowledge that nothing lasts. The poems we wrote to each other do not pretend to offer solutions. It is enough if they make real how we responded, celebrating the physical world, fragile as it may be, talking, cooking, holding each other, and celebrating a world even more fragile than the physical one, the world of memory—and because these are poems, celebrating the most fragile world of all, the language that gives body to our experiences.

Our book is a unique project, a dialogue between two poets whose lives and work have become deeply interwoven, but it is also a dialogue between two languages and the cultures they express if not create. We each think, feel, and say what our first languages make possible, and who we are in those languages, our voices, may be unknowable to those outside of them. By all rights, that fact should doom our translations from the beginning, but it doesn't. The effort required is one of imagining what we can never entirely know. In our translations of Ximena's poems, her voice speaks in English, and in her Spanish translations of George's poems, his voice exists in Spanish. This is the reckless act of imagination required both by translation and by love. If we have done our job, and are extremely lucky, the reader will hear these voices as well.

XIMENA GÓMEZ & GEORGE FRANKLIN
APRIL 12, 2022

Prefacio

Este libro no es sólo el registro de una conversación; es en sí mismo una conversación, poemas que responden el uno al otro, de manera tan íntima y veraz cómo es posible. De la misma manera que hemos traído nuestras historias personales y familiares a nuestra vida en común, también les hemos dado un lugar en estos poemas. El libro comienza con la última enfermedad y la muerte del padre de Ximena y continúa con nuestras vidas durante la pandemia. También están presentes las realidades políticas de Colombia y de Estados Unidos. Ximena llegó a este país como refugiada hace muchos años y ahora traduce crónicas de inmigración para otros refugiados. Whitman escribió: "Camerado, esto no es un libro; / Quien lo toca, toca a un hombre". Tenía razón, pero esa afirmación se aplica a muchos otros libros, no solo al suyo, quizá incluso a todos los libros. Este libro es la vida que hemos vivido desde que nos conocimos hace cinco años. Cuando pasamos las páginas, nos vemos caminando por Cali, traduciendo poemas, preparando la cena, preocupándonos por los amigos y la familia, y por la noche andando por el estrecho camino de asfalto que pasa junto a un canal cerca de nuestra casa en Miami. Tanto nuestras intimidades como nuestras tristezas quedan expuestas.

Los humanos podemos hacer muy poco para evadir el conocimiento de la pérdida y de que nada es duradero. Los poemas que escribimos el uno al otro no intentan ofrecer soluciones. Es suficiente con que conviertan en realidad nuestras respuestas a él, con que celebren el mundo físico, tan frágil como pueda resultar, al hablar, cocinar, al abrazarnos, y al celebrar un mundo aun más frágil que el físico: el mundo del recuerdo, y puesto que se trata de poemas, celebran el más frágil de todos los mundos, que es el mundo del lenguaje que le da forma a nuestras experiencias.

Nuestro libro es un proyecto único, un dialogo entre dos poetas cuya vida y trabajo se han entretejido a fondo, pero es además un diálogo entre dos idiomas y culturas que los dos expresan, por no decir que crean. Cada uno de nosotros, piensa, siente y dice lo que nos permite nuestra lengua materna, y lo que somos en ese idioma, nuestras voces, que podrían ser desconocidas para extraños. Sería de esperarse que desde el principio esto condenara al fracaso nuestras traducciones, pero eso no ocurre. Se necesita esfuerzo para imaginarse lo que nunca podremos saber a ciencia cierta. En nuestras traducciones de los poemas de Ximena, su voz habla en inglés y en sus traducciones al español de los poemas de George, la voz de él existe en español. Este es un acto audaz de imaginación que requieren tanto la traducción como el amor. Si hemos cumplido nuestro cometido y tenemos suerte, el lector también escuchará estas voces.

Ximena Gómez y George Franklin
12 de abril de 2022

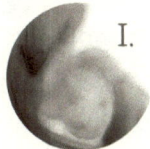

I.

No podías beber de un vaso…
You couldn't drink from a glass….

Conversaciones sobre agua

Para mi padre

Ese día en tu cuarto oscurecido
Con unos pocos libros en estantes, fotos,

Me dijiste – Dame agua.
No podías beber de un vaso

Porque te ahogabas.
Te di agua con algodones mojados,

Te la di luego en cucharita.
Tosiste como si lloraras,

Te desahogaste y me pediste:
-Dame más agua.

Afuera en el jardín,
Unas flores azules de una enredadera

Cabeceaban en el aire hirviendo,
Mientras tú te dormías

Abrigado con cobijas de lana,
En el calor ardiente de la tarde.

Te meneabas, me pedías que cerrara la ventana
Y luego, en un ceremonial repetitivo,

Bebías sorbos de agua en cucharita.
A tragos te tomaste varias tazas.

A las cuatro llegó la terapeuta,
Te movió el tronco, los brazos y las piernas…

A las cinco trajeron papillas y yogures,
Que comiste también de una cuchara.

Con los ojos inmensos,
Mirabas con avidez el agua

Que vertía yo de un jarro plástico.
No hubo conversación entre nosotros,

Sólo "agua", "abre la boca", "más…"
Y con ojos cansados, sin afecto

Mirabas una mancha en la pared.

Conversations About Water

For my father

That day in the darkened room,
A few books on the shelf, photos,

You told me—*Give me water.*
You couldn't drink from a glass

Because you were choking.
I gave you water from wet cotton balls,

Later from a teaspoon.
You coughed as if you were crying,

Gasped, demanding—
Give me more water.

Outside in the garden,
Blue flowers on a vine

Dozed in sweltering air
While you napped

Wrapped in wool blankets
In torrid afternoon heat.

You stirred, asked me to close the window.
And then, in a repeated ceremony,

Drank sips of water from a teaspoon.
Sipping, you drank several cups.

At four o'clock, the therapist arrived.
She moved your trunk, arms, legs....

At five o'clock, they brought *papillas* and yogurt,
That you also ate from a spoon.

With immense eyes,
You eagerly watched the water

I poured from a plastic jar.
There was no other conversation between us,

Just "water," "open your mouth," "more."
With tired eyes, without affection,

You looked at a stain on the wall.

Agua

Am I any closer to knowing you here, where you grew up—
One of three sisters, like in Chekhov—in a valley hugging
The Cauca River, mountains blue as rain in the distance?

Upstairs at the nursing home, your father grows thinner,
And you give him water by the spoonful, so he won't choke. He
Calls you *mijita* and asks you to close the window. His

Face has shrunk to bones and cartilage. His eyes are large and
Searching. There are neighborhoods in Cali where you walked,
Looking at birds and bougainvillea, the impenetrable green

Of the future. We haven't had time to see the places you lived,
For you to tell me what you fantasized as you stepped over
Cracks in the sidewalk, dodged traffic. The first days we were

Here, your father learned my name, but now he's forgotten it.
He thinks I'm "Jaime" and can't be convinced otherwise. Will
We all end up like this? In the garden below, there are birdsongs

I don't recognize, but plants that I do: heliconia and bird of
Paradise, ginger blossoms red as candy and that kind of ginger
With the white blossoms too. Yesterday, there was a huge cat

Observing everything, and a turtle that stopped to look at me
Reading, then strolled off, scratching his small black nails
Against the concrete. I didn't get a chance to introduce myself.

When you leave the place you were raised, it ceases to exist, and
You cease to exist in the same way. The signs are changed
Above the shops, the highways become more crowded. Now,

Everyone has motorcycles. I imagine you reading Freud in
That massive library or maybe Spinoza, your thoughts drifting
To coffee and dancing salsa with your friends, or listening to

Estanislao Zuleta disparage his contemporaries. How far is it
From Colombia to Miami, to your apartment in Midtown, to
Translating the narratives of immigrants asking for asylum—

Venezuelans who don't want to be sent back to die or
To beg in the streets of Cali or some other place? Yesterday,
We saw families by the side of the road to Pance, with nothing,

Stopping here or headed farther south. Men with cardboard
   signs
At the intersections, asking for pesos. But, none of this
   brings me
Closer to you. At night in our room, we touch each other,
   carefully,

And then with hunger, fingers and mouths unrestrained, thighs
    open,
Looking for what? I've never figured this out. The room smells
Vaguely of cigarettes, but we're showered, our skin damp
    and cool.

Your father is probably dozing. There is not much left you
    can say
To him now. The water you give him is a kind of sacrament,
A way of preparing for a time when preparation doesn't matter,

Preparing you for continuing. When you leave, he will cease to
Exist, and you will also in the way you existed before.
His wrists and hands are transparent. He reaches for the
    cup you

Can't give him. You remind him, one spoon, then another.
He gags, coughs, swallows the fluids that fill his throat, takes
A shallow breath, asks for more water. Tomorrow, we will fly
    back

To Miami. The residents of the home will be eating dinner,
    watching
Television, voices, music in the background, unaffected by
    the heat,
The mosquitoes that come around in the evening. Your
    father will

Lie in bed, waiting for sleep to cover him, his mouth dry. On
 the plane,
I'll touch your hand, then bring it to my lips. *Forgive me, mi*
 amor, for
Knowing so little, for not even knowing what it is I want to know.

Agua

¿Estoy más cerca de conocerte aquí, donde creciste,
Una entre tres hermanas —como en Chejov— en un valle
    que abraza
Al río Cauca, con montañas azules, como la lluvia en
    la distancia?

En el piso de arriba del hogar de ancianos, tu padre
    adelgaza
Y tú le das agua por cucharadas para que no se atragante.
Él te llama "mijita", y te pide que cierres las ventanas.

La cara se le ha hundido en los huesos y cartílagos, los ojos
    grandes
Y escrutadores. Hay barrios en Cali por donde caminaste,
Buscando pájaros y buganvillas, o el verde impenetrable

Del futuro. No hemos tenido tiempo de ver los lugares en
    que viviste
Para que me contaras lo que fantaseabas mientras pasabas
    por encima
De las grietas de la acera, evitando el tráfico. Los
    primeros días

Que estuvimos aquí, tu padre aprendió mi nombre, pero
ya lo ha olvidado.
Él cree que soy Jaime, y no se puede convencer de
lo contrario.
¿Terminaremos todos así? En el jardín de abajo, hay
cantos de pájaros

Que no reconozco, y plantas que sí: heliconias, aves del
paraíso,
Flores de jengibre rojas como caramelos, y también una
variedad
De jengibre con flores blancas. Ayer había un gato enorme

Observándolo todo, y una tortuga que se detuvo para
mirarme
Mientras yo leía, luego se paseó, restregando sus garras
pequeñas y
Negras contra el concreto, y no tuve tiempo de
presentarme.

Cuando abandonas el lugar donde creciste, este deja de
existir
Y tu dejas de existir de igual manera. Los signos encima
de las tiendas
Han cambiado, las autopistas se han vuelto más
congestionadas.

Ahora todos tienen motocicletas. Te imagino leyendo a Freud

O a Spinoza en la inmensa biblioteca, mientras te distraías

Pensando en café o en bailar salsa con tus amigos, o en escuchar

A Estanislao Zuleta, denigrando de sus contemporáneos. ¿Qué tan lejos

Está Colombia de Miami, de tu apartamento en el centro de la ciudad,

De traducir las historias de inmigrantes que solicitan asilo,

Venezolanos que no quieren que los manden de vuelta a morir

O a pedir limosna en Cali u otro lugar cualquiera? Ayer,

Vimos familias al lado de la carretera a Pance, no tenían nada,

Se detenían aquí o más hacia el sur, hombres en las intersecciones

Con avisos de cartón que pedían pesos. Pero nada de eso me acerca más a ti,

Por la noche en nuestra habitación, nos acariciamos con delicadeza,

y luego con avidez, los dedos y la boca sin freno, los muslos
     abiertos,
¿Qué buscamos? Nunca he podido entenderlo. La
     habitación huele levemente
A cigarrillo, pero nos hemos duchado, nuestra piel está
     húmeda y fresca.

Tu padre probablemente está adormecido. Ahora ya no
     tienes mucho que decirle.
El agua que le das es como un sacramento, una forma de
     prepararlo
Para el instante en el que la preparación ya no importa,

Y te prepara a ti para continuar. Cuando te vayas él dejará
     de existir,
Y tú también, de la manera en que existías antes.
Sus muñecas y sus manos son transparentes. Él trata de
     alcanzar la taza

Que no puedes darle. Tú le recuerdas: primero una
     cucharada, luego otra.
Él se atraganta, tose, traga el líquido que le llenará
     la garganta,
Toma un poco de aire, pide más agua. Mañana volaremos
     de vuelta

A Miami. Los residentes del hogar cenarán, verán
   televisión,
Con voces y música en el fondo, indiferentes al calor,
A los mosquitos que llegan al anochecer. Tu padre estará
   tendido

En la cama, esperando que el sueño lo abrigue, con la boca
   seca. En el avión
Te acariciaré la mano, luego me la acercaré a los labios.
   Perdóname, mi amor,
Por saber tan poco, por no saber siquiera qué es lo que quiero
   saber.

Barrio empinado

¿Cómo olvidar aquellas caminadas,
San Antonio y sus calles en declive,
(Que son abismos en mis pesadillas)
Y mi miedo a rodar por el asfalto.
La iglesia de ladrillo, blanca,
Que ilumina la loma por la noche.
En las aceras bolsas con desechos,
Cuando pasa el camión de la basura;
Al vendedor de pan en bicicleta,
Con el canasto lleno, tocando la bocina;
Al perro callejero que vaga olfateando,
Al que dormita en la ventana con rejas
Y al hombre del chaleco brillante
y machete al cinto
Que patrulla las calles?
Un día no lejano, tal vez
Tú y yo regresaremos.
Andaremos de nuevo por la noche
Por aceras angostas y rajadas,
Y sentiré mareo al mirar loma abajo
Y agarraré tu mano para no resbalarme.
Iremos a la iglesia iluminada,
Y habrá gente reunida frente al pórtico.
Pasaremos al lado de bolsas de basura,
Oiremos de nuevo el pito de la cicla

Del vendedor de pan por las mañanas
Y el ladrido del gozque callejero
Y sacaremos fotos del perro en la ventana
Y por la noche le diremos "hola",
Respetuosamente,
Al hombre del machete.
Si un día no lejano regresamos,
Ya no visitaremos a mi padre,
En la intimidad de la capilla,
Su cuerpo encogido, acicalado,
Para la última foto; ni veremos
Los hombres de vestido oscuro
Llevárselo en el féretro,
Ni al cuerpo desaparecer
Tras una puertecita de metal.
Si un día no lejano regresamos,
San Antonio hervirá aún bajo el sol,
Aún crecerán enredaderas en las casas,
Quizá el café al que fuimos
El día del funeral, estará allí aún, con el olor a expreso
Y los bancos y mesas de madera,
¿Pero tú y yo seremos los que fuimos?

Hillside Barrio

How can I forget those walks,
San Antonio and its streets running downhill,
(In my nightmares opening onto an abyss)
And my fear of rolling down the asphalt,
The white brick church
Lighting up the hill at night,
Bags filled with trash on the sidewalks
When the garbage truck passes;
The bread-seller on his bicycle,
His basket full, honking the horn;
The stray dog that wanders sniffing
And the one that dozes behind the barred window,
And the man in the shiny vest
With the machete in his belt
Patrolling the streets?
Someday soon, maybe
You and I will return.
We'll walk again at night
Down sidewalks narrow and cracked,
I'll feel dizzy looking downhill,
And I will grab your hand to keep from falling.
We will go to the church that's all lit up,
And there will be people milling about in front of the entrance.
We will pass next to bags of garbage,
We will hear again the bread-seller's

Bicycle horn in the morning,
The stray mutt barking.
We will take photos of the dog in the window,
And at night we will say "hola,"
Respectfully,
To the man with the machete.
If someday soon we return,
We will not be visiting my father,
In the intimacy of the chapel,
His body shrunken, dressed-up
For his last photograph; we will not see
The men in dark suits
Take away his coffin,
Or his body disappear
Behind a metal door.
If someday soon we return,
San Antonio will still bake in the sun.
There will still be vines growing on the houses.
Perhaps the café we went to on the day
Of the funeral will still be there,
With its smell of espresso, stools, and wooden tables,
But you and I, will we be the same?

San Antonio

Exhausted after the funeral, we went
To Café Macondo for dinner—sandwiches
And coffee, Coleman Hawkins' "Body and Soul"

Circulating from a speaker, blond teenagers
Speaking Spanish to each other, an older couple
In the corner thumbing a book left on the table,

Science fiction in English. In the front room,
A fan swept the cool night air in from the street.
A small skinny guy with a reflective vest

Patrolled the sidewalk, carrying an iron bar
In the crook of his arm. I couldn't help wondering
If he'd been FARC once—he didn't look

Imposing enough for paramilitary. Or, maybe
He was just a hungry Venezuelan who'd found
A job in the neighborhood. Regardless, I

Wouldn't want to get in his way. Another night,
We came here with friends for dessert, that
White cheesecake topped with moras, blackberry

Compote. There are memories you just want to
Rest in for a while. Like this one. It's not
That you forget your losses, but you move them

To the side. They become a frame around the picture,
And the picture surrounds the frame—low,
Whitewashed buildings and narrow streets with

Sidewalks mostly curb, taxis and motorcycles
Accelerating toward clubs, music—salsa or
Reggaeton or the flamenco echoing from a

Restaurant, a blaze of tungsten down the hill,
Where tourists at outside tables cradled beers,
And in the shadows, a heavyset man with a beret

And cane sat each night at the same spot,
Keeping an eye on the parked cars, nodding
To passersby to let them know he's there.

San Antonio

Exhaustos después del funeral, nos fuimos
Al café Macondo a cenar, sándwiches y café
"Body and Soul" de Coleman Hawkins

Circulaba desde el parlante, jovencitas rubias
Hablaban entre ellas en español y una pareja mayor
Hojeaba en el rincón un libro olvidado en la mesa,

Ciencia ficción en inglés. En el cuarto del frente,
Un ventilador traía de la calle el aire de la noche fresca,
Un tipo pequeño, flaco, con chaleco reflector

Rondaba la acera, y llevaba una varilla de hierro
en el hueco del brazo. No pude evitar preguntarme
Si alguna vez había sido de las FARC, no se veía

Lo bastante imponente para ser paramilitar, o tal vez
Era sólo un venezolano hambriento que había
Encontrado un trabajo en el barrio. En cualquier caso,

No querría atravesarme en su camino. Otra noche,
Vinimos aquí con amigos para comer postre,
Ese cheesecake cubierto con mermelada de moras.

Hay recuerdos, como este, en los que sólo
Quiere uno refugiarse por un tiempo. No es
Que olvides tus pérdidas, pero las haces a un lado.

Se convierten en el marco en torno a una pintura
Y la pintura misma rodea el marco, edificios
Bajos blanqueados, y calles estrechas con aceras

O más bien, sardineles, taxis y motocicletas
Que aceleraban hacia los clubes, música: salsa
O reggaetón o flamenco que venía en eco

De un restaurante, un brillo de tungsteno en la colina,
Donde turistas, en mesas exteriores, acunaban cervezas
Y en las sombras, un hombre corpulento con boina

Y un bastón se sentaba cada noche en el mismo lugar
Vigilando los carros aparcados, saludando con la cabeza
A los transeúntes para avisarles que estaba allí.

Los cristales

En *Los cristales* han crecido los árboles.
A veces, las raíces llegan hasta los sardineles,

Se engruesan, empujan hacia arriba
Y cuando nadie ve, el hormigón se abre

Y las raíces brotan,
A plena luz del día, o en la noche.

En ese vecindario existe todavía
Nuestra antigua casa,

Blanca, de dos pisos, recién pintada,
Con balcón español y torre de ladrillo.

Las raíces alrededor hacen estragos,
Los viejos se tropiezan

Con las protuberancias,
Se caen, se hieren las rodillas.

Pero ahí, entre asfalto agrietado,
Nuestra casa continúa intacta,

Soportando el calor crudo del valle.
Hace poco, cuando volví a verla

Un vigilante de camiseta blanca
Me dijo que a veces por la noche

Se escucha el ruido de una motosierra
Y al otro día aparecen las raíces taladas.

Me lo contó sonriendo, mientras bebía sorbos,
De una lata de *Manzana Postobón*.

Los Cristales

In *Los cristales*, the trees have grown.
Sometimes, the roots reach to the curbs,

Swelling, pushing upwards,
And when nobody's looking,

The concrete opens, and roots sprout
In broad daylight or at night.

In that part of town,
Our old house still stands,

White, newly painted, two-storied,
With a Spanish balcony and a brick tower.

The roots around it cause damage,
Old people stumble

Over the protuberances,
Fall, hurt their knees.

But there, among cracked asphalt,
Our house remains intact,

Withstanding the valley's raw heat.
Recently when I went to visit.

A watchman in a white t-shirt
Told me that sometimes at night,

You can hear the rumble of a chainsaw,
And next day, see the cut roots.

He told me this smiling, while sipping,
From a can of *Manzana Postobón*.

Clean Sheets

I just made the bed with clean sheets. They're
Wrinkled but washed and fresh smelling, the
Weave a little rough against my hands.
When you get here, I'll fix coffee, yours
With steamed milk, foamy, mine dark,
Tasting of burnt sugar, reminding
Me of the night sky in another
Latitude, that neighborhood where we,
Walked, the moon still not up over the
Hills, the low rooftops, hotel signs, and
Shuttered windows, from somewhere voices,
Music, a dog barking behind a
High white wall, my lips touching your neck.
After dinner, we'll turn back the sheets,
Slip in beside each other, our days
Still with us, scents we can't get rid of,
Sandalwood clinging to your nightgown,
Lemon peel, onions on my fingers.
When we touch, we could be anywhere.

Sábanas limpias

Apenas tendí la cama con sábanas limpias.
Tienen arrugas, pero están lavadas, huelen
Fresco, el tejido un poco áspero en mis manos.
Cuando tú llegues prepararé café, el tuyo
Con la leche hervida, espumosa, el mío negro
Con sabor a azúcar quemada, que me recuerda
El cielo de noche en otra latitud, el barrio
Donde caminamos, la luna aún no surgía
Sobre los cerros, los techos bajos,
Los anuncios de hoteles, las ventanas
Con postigos cerrados, voces que venían
De algún lado, música, ladraba un perro
Detrás de una pared blanca, elevada,
Mis labios te rozaban el cuello. Después
De la cena, voltearemos las sábanas,
Nos deslizaremos el uno junto al otro, aún
Poseeremos nuestros días, aromas
De los que no podemos deshacernos, sándalo
Adherido a tu camisón, cáscara de limón,
Cebolla en mis dedos. Cuando nos tocamos,
Podríamos estar en cualquier parte.

II.

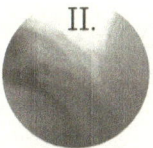

Yo estaba en peligro de desaparecer.
I was in danger of disappearing.

Aquella idea de Berkeley

Caminando por las calles desiertas.
Bajo la escasa luz de las farolas,
Veo las calles alargarse hasta el infinito.

Una rana croa en el canal
Y el chirrido de los grillos
Se oye amplificado en el silencio.

Detrás de las ventanas y portones,
De las puertas inescrutables de los jardines
No parece vivir nadie.

En los garajes, carros estacionados.
Sólo uno se aventura por las calles

Y se detiene ante el cambio de luces,
Para dejar pasar al viento.

Entonces me acuerdo
De aquella estación de tren vacía
A las doce de la noche.

Desde la rampa sur de la estación,
Yo veía los carriles, esperaba las luces

Y miraba la calle.

En la distancia sólo se divisaba
Una mancha, un punto en una esquina,
La silueta casi irreal de un hombre.

Sentí pánico entonces,
Al recordar aquella idea de Berkeley
De que somos la percepción de alguien

Y en la estación sin gente,
Si esa forma lejana no podía mirarme
Y si dios se ha ausentado y ya no mira al mundo
Yo estaba en peligro de desaparecer.

Ahora pasa por la esquina una sombra
De un hombre que pasea a un perro,

Y me salvo
De esfumarme en las calles vacías.

That Idea From Berkeley

We're walking though deserted streets.
Under the dim light of the streetlamps,
I see the streets stretch to infinity.

A frog croaks in the canal,
And the chirping of crickets
Is amplified in the silence.

Behind the windows and doors
And the inscrutable gates of the gardens,
Nobody seems to be living.

In the garages, parked cars.
Only one ventures into the streets,

Stopping when the lights change,
To let the wind through.

Then I remember
That empty train station
At twelve o'clock at night.

From the station's south ramp,
I watched the tracks, waiting for the lights

And looking at the street.

In the distance only a stain was
Visible, a spot on a corner,
The almost unreal silhouette of a man.

I panicked then,
Remembering that idea from Berkeley
That we exist only as someone's perception,

And at the station, without people,
If that distant form couldn't see me
And God, gone missing, no longer saw the world,
I was in danger of disappearing.

Now, a shadow of a man walking a dog
Passes by the corner,

And I save myself
From vanishing into the empty streets.

Breaking Curfew

It's a rainy afternoon in Miami. A lone crow
Calls from a palm tree. The light filtered by clouds
Is so blue that rooftops and fences look like

They're underwater. The dog has no interest
In going outside. After lunch, we worked
On translating your poem, the one about

Bishop Berkeley and how uneasy we can
Become when no one is there to observe us.
You described being alone on a train platform,

And reading it, I was there with you, in a
Moment where we might or might not be real.
These nights when we walk together, the streets

Are empty, the way they are in your poem,
The lights of the shopping mall seem pointless.
I don't know if the department store at the

Corner will ever reopen. From the other side of
The park, it looks like a white church (your phrase)
That no one visits. We stop for a minute to

Look down the canal. Even the ducks have gone.
Only a slick, black surface borders the houses
Like a medieval moat. A few backyard lights

Shine to deter the invaders, who never arrive.
The parking lots are empty. Even the night watchman
No longer makes rounds. I haven't seen his white

Pickup in months. Last night, we heard a car go by,
Playing gospel on the radio. Maybe the rapture
Happened and no one knew it, and we live in

A world God gave up on or, like the Gnostics
Say, turned the job over to someone else. You
Can't tell from these streets. They inspire thoughts

Of abandonment, not comfort. If I saw someone
Walking toward us, you and I would move to
The other side of the street. It doesn't pay to take

Risks. One night a few weeks ago, we saw
The figure of a person sleeping on one of the
Benches in the park. We moved to the banks

Of the canal to avoid him. As far as I know, he
Hasn't been back, and we never see stray dogs
Or cats either. Outside, the afternoon has already

Turned to evening. The sky is a dark blue behind
The darker silhouette of the tree limbs. You used
The word "silhouette" in your poem, and here I am,

Stealing it for mine. I would apologize, but you
Are still busy translating. It'll be time soon to
Make dinner, then perhaps a walk.

                                        April 26, 2020

Infracción del toque de queda

Es una tarde lluviosa en Miami. Un cuervo solitario
Llama desde una palmera. La luz se filtra por las nubes,
Es tan azul que los tejados y las cercas

Parecen sumergidas en el agua. El perro
No tiene interés en salir. Después del almuerzo,
Trabajamos traduciendo tu poema, el que trata

Del obispo Berkeley y de lo inquietos que podemos
Sentirnos cuando no hay nadie que nos observe.
Describías tu soledad en una plataforma del tren,

Y al leerlo y estuve allí contigo, en ese momento,
En el que podríamos ser reales o no serlo.
Estas noches en las que caminamos juntos,

Las calles están vacías, igual que en tu poema,
Las luces de los centros comerciales parecen inútiles
No sé si el gran almacén de la esquina

Reabrirá alguna vez. Desde el otro lado del parque,
Parece una iglesia blanca que nadie visita,
Según tus palabras. Nos detenemos un minuto

Para mirar el canal. Hasta los patos se han ido.
Sólo una superficie negra y resbalosa bordea las casas
Como un foso medieval. Unas pocas luces de patio trasero

Brillan para disuadir a los asaltantes que nunca aparecen.
Los aparcamientos están vacios, ni siquiera el vigilante
Nocturno hace ya rondas. No he visto su furgoneta

En varios meses. Anoche oímos un carro pasar
Tocando música evangélica en el radio,
Tal vez el rapto ocurrió y nadie se dio cuenta

Y vivimos en un mundo al que dios renunció,
O como dicen los nósticos, le cedió el trabajo a otro.
No se sabría por estas calles, que inspiran pensamientos

De abandono, no de consuelo. Si veo a alguien
Caminando hacia nosotros, pasamos al otro lado
De la calle. No hay para qué arriesgarse.

Una noche, hace algunas semanas, vimos la figura
De alguien dormido en una banca del parque
Y nos retiramos a las orillas del canal para evadirlo.

Hasta donde yo sé, no ha regresado
Y nunca hemos visto perros ni gatos callejeros.
Afuera, ya la tarde se ha convertido en noche.

El cielo se ve azul oscuro, detrás de la silueta
De las ramas de los árboles aun más oscuras.
Usaste la palabra «silueta» en tu poema

Y heme aquí, robándola para el mío. Me disculparía
Pero estás aún ocupada traduciendo. Pronto será hora
De preparar la comida y tal vez caminar.

                                        26 de Abril de 2020

Melatonina

Por debajo de la puerta del cuarto
La luz de la lámpara sin apagar.
Te has dormido y respiras inmóvil.
Los resortes de la silla del comedor chirrían,
Como si alguien se acomodara en ella.
No se puede culpar al perro
Que hace tintinear el collar en su vasija
Mientras come a deshoras su comida
Con la mezcla de sobras de pollo con arroz.
Oigo un tamborileo de botones,
Cremalleras, zumbar de aire que gira
Y el roce de las telas adentro del tambor
Metálico y caliente de la secadora.
Afuera un grillo quizá ya se ha cansado
De convocar en vano a una hembra
Y dormita entre el pasto con llovizna.
Voy hasta la cocina y me convenzo:
¡Pero, si nadie ha encendido la máquina!
En la cama de vuelta, ya no oigo botones,
Ni cierres de bluyines, ni el ris-ras de las telas...
Me he quedado a solas, sin el sueño.
Todo me da la espalda, incluso
La blancura de tu espalda, pero
En la mesita, junto al vaso de agua
Hay un frasquito con melatonina.
Me trago uno, dos, tres miligramos.
Por esta noche, no estaré sola.

Melatonin

From under the bedroom door
The light of a lamp that's been left on.
You're asleep, breathing quietly.
The springs of the dining room chair squeak,
As if someone were settling in.
It's not the dog's fault
That he clinks his collar against the bowl,
Eating at odd hours his food mixed
With leftover chicken and rice.
I hear the clatter of buttons,
Zippers, whirring air that spins,
Rubbing of fabrics inside the drum
Of the dryer, metallic and hot.
Outside, perhaps a cricket has grown tired
Of calling to a female without result
And dozes in the drizzled grass.
I go to the kitchen to make sure:
But, nobody has turned on the machine!
Coming back to bed, I don't hear buttons,
Zippers of blue jeans, or rustling of fabrics....
I'm just alone, without sleep.
Everything turns its back on me, even you—
The whiteness of your back—but
On the night table, next to the glass of water,
There's a little bottle with melatonin.
I swallow one, two, three milligrams.
For tonight, I won't be alone.

In the Middle of Our Life

I woke up sweating, right foot tingling, the one
That couldn't tell hot from cold after the stroke.
But that was five, six years ago. Now, I

Mostly don't notice. Tossed off the blanket, trying
Not to wake up entirely, just check whether
I was still alive, awake enough to see

Your white shoulders rise above the pillow.
I felt too warm to hold you, go back to sleep
Kissing your neck or hair, but I knew by then

I wasn't dying. Your white shoulders proved it.

En medio de nuestra vida

Me desperté sudando, con un hormigueo en el pie derecho,
El que no podía distinguir el frío del calor después del
derrame.
Pero eso fue hace cinco o seis años. Ahora,

La mayor parte del tiempo no lo noto. Me quité la cobija
Tratando de no despertarme del todo, sólo para comprobar
Si todavía estaba vivo, lo bastante despierto para ver

Tus hombros blancos elevarse sobre la almohada.
Me sentía demasiado caliente para abrazarte, me vuelvo
a dormir
Te beso en el cuello o el pelo, pero para entonces ya sabía

Que no estaba muriendo. Tus hombros blancos eran
la prueba.

Voy caminando a ciegas

A Hernán Bedoya, líder social asesinado en el Chocó

A veces por la noche sueño con él
y lo veo regresar en el caballo.

Tú te acuerdas mamá,
el cielo estaba encapotado
y el río casi se salía de tanto aguacero.
La gente estaba esperando a papá
en el salón del caserío.
Oyeron los relinchos del caballo
cuando venía por la plantación de banano.
Era la 1:30 de la tarde
y dos hombres en una moto
le pegaron 14 tiros.
Dicen que al levantarlo pesaba más
que dos bultos de cosecha de plátano.
Tú le habías advertido que no fuera tan bocón,
ni tan frentero,
pero él se hacía el sordo.
Decía que no se iba a dejar echar otra vez,
que si iban a sembrar palma en nuestra tierra
tendrían que sacar su cadáver primero,
eso nos dijo sentado en el porche, ¿te acuerdas?

Decía que los paracos nos habían sacado,
y habíamos vuelto,
que nos habían tumbado la casa,
y la habíamos levantado de nuevo.
Mi papá y yo desbrozamos la mitad de esta tierra,
sembramos plátano, arroz, maíz,
no sembramos más yuca
porque se la comieron los marranos.
El resto de la tierra la dejamos para el bosque virgen.
Aquí sólo quedamos unas pocas familias,
toda la tierra alrededor nos la han talado.

Después de que mataron a papá
yo ando como a ciegas.
A veces por la noche sueño con él.
Lo veo regresar en el caballo,
que trota despacito
sobre las hojas de plátano.
Oigo los cascos del animal
al cruzar el tablón de madera
sobre la zanja llena de barro
y cuando miro alrededor,
ya no hay bosque, ni árboles, ni cultivos,
sólo plantaciones inmensas de palma
y un sol que hace hervir la tierra
que lo quema todo
y me despierto asustado.

De noche, cuando está bien oscuro
y escucho truenos y caen goterones,
te oigo sollozar en tu cuarto
y me da mucho miedo
que llegue un vendaval
y que apague la vela
que prendí para él.

Walking Around Blind

For Hernán Bedoya, social activist assassinated in Chocó

Sometimes at night I dream of him.
I see him coming back on the horse....

You remember, Mother,
the sky was overcast,
and the river was almost flooding from the downpour.
Our people were waiting for my father
in the community room of the village.
They heard the neighing of the horse
coming through the banana plantation.
(It was 1:30 in the afternoon, and two men
on a motorcycle fired 14 shots at him.)
They said when they picked him up
He weighed more than two bundles of plantain at harvest.
You'd warned him not to be such a bigmouth,
not to be so outspoken,
but he played deaf.
He said he wasn't going to let them evict us again,
that if they were going to plant palm on our land,
they'd have to drag his corpse out first.
That's what he told us sitting on the porch,
do you remember?

He said paramilitaries had kicked us out,
but we'd come back;
they had knocked down our house,
but we'd rebuilt it.
My father and I cleared half of this land.
We planted plantains, rice, corn—we didn't plant any more
    yucca
because the pigs had eaten it.
The rest of the land we left as virgin forest.
There are only a few families still here.
All the land around us has been cut down.

Since they killed my father
I'm walking around blind.
Sometimes at night I dream of him.
I see him coming back on the horse,
trotting slowly
over the plantain leaves.
I hear the animal's hooves
as it crosses the wooden plank
over the ditch full of mud,
and when I look around
there is no more forest, no trees,
no crops, only immense palm plantations
and the sun making the earth boil,
burning everything,
and I wake up scared.

At night, when it's pitch dark,
I listen to the thunder and heavy rain.
I hear you crying in your room,
and I'm so afraid
that a storm will reach in
and blow out the candle
I've lit for him.

Writing About Your Country

In the next room, you are writing about your country,
About a man who wouldn't leave his farm and was killed
By paramilitaries, about hillsides thick with trees,
Green moss covering a stone, a boulder. It makes me
Think of our friend Federico, who practices medicine
In a small town in the Andes. I hunted for it on the map,
And it was hard to find. The pictures on Google showed
A white church and narrow streets, nearby mountains,
Clouds that seemed close. In the next room,
You are close also, closer than clouds hovering
Above a valley or the sound of motorcycles fading
Into something that's almost silence. I can hear a piano,
Passages of Chopin, a disc you're playing on an old
Laptop as you work, a few dates and almonds in a bowl
Within reach, as close as the asylum narratives you
Translated, refugees who applied for visas during
The bad years, years that haven't stopped, *applicants*
Threatened by gangs, by paramilitaries, guerillas—so many
Stories you had to find words for in cold, precise English,
Voices you transposed from Colombia or Venezuela,
Reminding you of relatives in Cali or when you
Taught workshops in Buenaventura, voices to cut
Through the dull gaze of immigration officials,
Their eagerness to finish work, to go play golf or tennis

On the weekend. In the next room, I can hear you
Whispering lines of a poem, the same way I do,
The same way we all do when we write, listening
To ourselves, to our own voices, trying to decipher
The words that will break through our own dull gaze.
In the next room, you are writing about your country,
Which is both far away and close to you. From where
I'm sitting, I can hear you whisper.

Mientras escribes acerca de tu país

En el cuarto de enseguida estás escribiendo sobre tu país,
Sobre un hombre que no quiso dejar su finca y
	paramilitares
lo mataron, sobre laderas de montañas densas de árboles,
Musgo verde que cubre una piedra, un peñasco. Esto me
	hace pensar
En nuestro amigo Federico, que ejerce la medicina en un
	pueblito
De los Andes. Lo busqué en el mapa y fue difícil encontrarlo.
Las fotografías de Google mostraban una iglesia blanca,
Calles estrechas y montañas cercanas, nubes que parecían
Estar cerca. En el cuarto de enseguida tú también estás cerca,
Más cerca que unas nubes que se ciernen sobre un valle,
O que el sonido de una moto que se apaga hasta casi
	silenciarse.
Alcanzo a oír un piano, pasajes de Chopin en un disco
Que has puesto en un viejo laptop mientras trabajas,
Unos pocos dátiles y almendras en un tazón al alcance,
Tan cerca como las historias de asilo que traduces,
Refugiados que solicitan visados durante los malos años
Que se prolongan, *peticionarios* a los que amenazan
Pandillas, paramilitares y guerrillas, tantas narraciones
Para las que debes encontrar palabras frías y precisas
En inglés, voces de Colombia y Venezuela que traspones,

Que te hacen acordarte de tu familia en Cali, o de cuando
hacías
Talleres en Buenaventura, voces para franquear la mirada
apática
De funcionarios de inmigración con afán de terminar su
trabajo,
Para irse a jugar al golf o al tenis el fin de semana.
En la habitación de al lado, alcanzo a oírte susurrar versos
De un poema, como lo hago yo, como lo hacemos todos
Cuando escribimos, nos escuchamos a nosotros mismos,
A nuestras propias voces, tratamos de descifrar las
palabras que
franquearán nuestra propia mirada apática. En el cuarto
de enseguida
Estás escribiendo sobre tu país, que está al mismo tiempo
lejos
Y cerca de ti. Desde donde estoy, alcanzo a oírte susurrar.

III.

You have to work for sweetness.
Hay que trabajar para obtener dulzura.

Té de jengibre

Tú me ofreces un trozo de biscotti
Y yo te pido a cambio jengibre para un té.
Hurgas en la nevera, entre yogurt y frascos,
Se esconde la raíz enjuta, amarillenta.
Bajo la luz fluorescente me sonríes.

—*Eres una mujer con suerte, me dices.*

Trituras la raíz, hierves el agua.
Traes el té humeando,
En el pocillo rojo de cerámica.
Yo te beso la mano,
Huelo el picante dulce del jengibre,
Que aún queda en tus dedos.

Afuera ha descendido la temperatura.
En la casa se siente una tibieza.
El aire acondicionado
Hiberna en silencio
Y la luz que declina
Tiene un brillo otoñal.
Yo te veo revolver la despensa
Y sacas algo dulce para nosotros dos.

Soy de verdad una mujer con suerte.

Ginger Tea

You offer me half a biscotti,
But instead, I ask if you have ginger for tea.
You rummage in the fridge, moving yogurt, jars,
To find where the shrunken, yellowish root is hidden.
Under the fluorescent light you smile at me.

—*You are a lucky woman,*

You tell me.
You crush the root, boil water,
And bring tea, steaming,
In a red ceramic mug.
I kiss your hand and
Smell the sweet tang of ginger
Still on your fingers.

Outside, the temperature has dropped.
But in the house, there's warmth.
The air conditioning
Hibernates, silence.
The diminished light
Has an autumnal shine.
I see you shuffling through the pantry,
Finding something sweet for both of us.

I really am a lucky woman.

Afternoon in November

I've grown used to disappearing—not
Being here anymore as me, that
Sequence of whatever stories I
Tell myself to create a person.
There, in each other's arms, stories stop,
Thought ends, the way it ends in air-blue
Emptiness, the ragged edges of
White clouds becoming transparent, leaves
Shuffled against leaves, invisible
Wind, buzzards circling hundreds of feet
Above the ranch-style houses, asphalt
Driveways, streets that twist back and emerge
Into the fast flow of traffic south
Or west, toward fields green with tomato
Vines and strawberries, tangled thorns of
Bougainville, shallow marshes that
Somewhere become ocean. The buzzards
Don't see me, sitting by the window,
Staring up at heavy coconuts
Clustered together, fronds and tree limbs
Moving at the same time, some almost
Imperceptibly, and if I look
Hard, I won't see myself in any
Of this either. The tree limbs and sky
Will still be there, the buzzards too, but

I won't exist as an audience.
This morning in the kitchen, it was
The same. I kissed that spot where your neck
And shoulder meet and lost myself in
The scent of bath soap, of dark coffee.

Una tarde en noviembre

Me he acostumbrado a desaparecer
A no existir más aquí, como yo mismo,
Esa secuencia de cualquier ficción
Que me digo para crear un personaje.
Allí, en los brazos del otro, la ficción
Se detiene, el pensamiento muere,
Como muere en el vacío del aire azul,
Los bordes disparejos de las nubes blancas
Se vuelven transparentes, las hojas
Revueltas con otras hojas, el viento invisible,
Los buitres en lo alto, a cientos de pies,
Dan vueltas sobre las casas estilo finca,
La entrada de asfalto de los carros,
Las calles que se curvan y emergen
En el rápido flujo de tráfico hacia el sur
O al oeste, hacia campos verdes por los tomates
En rama y las fresas, las espinas enredadas de
Buganvilla, los pantanos poco profundos que
En algún lugar se convierten en océano.
Los buitres no me ven sentado junto
A la ventana, mirando hacia los pesados
Cocos en racimo, las hojas de palmera
Y las ramas que se mueven al mismo tiempo,
Algunas casi imperceptiblemente y si miro
Fijamente, no me veré tampoco a mi mismo

En nada de esto. Las ramas de los árboles
Y el cielo, aún estarán ahí, los buitres también
Pero yo no existiré como espectador.
Esta mañana en la cocina fue lo mismo.
Te besé en ese punto en que el cuello
Y el hombro se unen y me perdí en el aroma
De jabón de baño y café oscuro.

Cuento breve

El tallo de orquídeas
Se volvió amarillento,
Echó todas las flores
En la mesa de pino.
Me inclino a recogerlas,
En esos pocos pétalos
Hay un cuento brevísimo:
Alguien se fue y dejó
Sobre el piso de tablas
Vestidos color claro,
Ajados, sin lavar,
Caídos de una percha.

A Short Story

The orchid stalk
Turned yellowish,
Shed all its flowers
On the pine table.
I bend to pick them up,
There is a very short story
In those few petals:
Someone left, abandoned
On the wooden floor
Light-colored dresses,
Wrinkled, unwashed,
Fallen from a coat rack.

Panela

We shave panela
From a brown lump
Once the size and
Shape of a baseball.
The kitchen knife
With the black handle
Scrapes along a
Precipice, a cliff's
Edge, tough, slippery.

The coffee is
Waiting. You have to
Work for sweetness.

Panela

Rallamos panela
De un terrón pardo
Que una vez tuviera
la forma y tamaño
de una bola de beisbol.
El cuchillo de cocina
De mango negro
Raspa a lo largo
De un despeñadero
El borde de un risco
Duro y resbaloso.

El café espera.
Hay que trabajar
Para obtener dulzura.

Later On

This evening, I found one of your hairs
On a napkin beside the honey.
I imagine you at breakfast as
You lift the plastic bear, flip the lid,
And squeeze drops of honey into your
Coffee cup, hands a little sticky,
Touching your brown hair, then the napkin.
How much of us we leave behind, these
Random pieces of our lives, ourselves.
I left early this morning, didn't
Have time to sit with you, bring your hand
To my lips, honey on your fingers.

Más tarde

Esta tarde, encontré uno de tus cabellos
En una servilleta, al lado de la miel.
Te imagino al desayuno, mientras
Levantas el oso de plástico, volteas la tapa
Y exprimes gotas de miel en la taza de café,
Con las manos un poco pegajosas
Te tocas el pelo, luego la servilleta.
Cuánto dejamos de nosotros, esos trozos
Aleatorios de nuestra vida, nosotros mismos.
Salí temprano esta mañana y no tuve tiempo
De sentarme contigo, de acercarme tu mano
A los labios, con miel en los dedos.

La miel de cada día

Por la mañana me traes el café
Con leche de avena espumosa y miel.

Cuando no estás conmigo,
Al yogurt blanco le pongo miel.

En la despensa guardo una botellita,
Que me diste, aún llena de miel.

Al irme a casa, te dejo la cama hecha
Y en mi taza un poquito de miel.

Pero se me quedó en la mesa,
Un cabello enredado en tu pote de miel.

The Honey of Each Day

In the morning you bring me coffee
With frothy oat milk and honey.

When you're not with me,
To the white yogurt, I add honey.

In the pantry I keep a little bottle,
That you gave me, still full of honey.

When I go home, I leave you the bed made
And in my cup a little bit of honey.

But forgotten at the table, is
One tangled hair on your jar of honey.

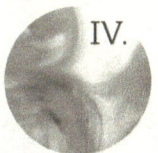

IV.

None of them are left anymore....
Ya no queda ninguno de ellos...

Falling

None of them are left anymore, the people who
Came to my parents' cocktail parties, the ones

Who drank Wild Turkey on the rocks or Johnny
Walker Red, who mixed ginger ale with whiskey

And told stories I could overhear. Some when they
Fell, made more noise than others, so the whole

Neighborhood knew, but some fell quietly, the way
They wanted to fall, so that almost no one

Noticed they had fallen. Their television sets
Stayed on for days as all the constellations

Swung in the sky as though nothing had happened.

Caída

Ya no queda ninguno de ellos, de la gente que
Venía a los cócteles de mis padres, los que

Bebían Wild Turkey en las rocas o Johnny
Walker Red, mezclaban ginger ale con whisky

Y contaban historias que yo alcanzaba a oír. Algunos
Al caer hacían más ruido que otros, así que todo

El vecindario lo sabía, pero algunos caían sin ruido,
De la forma en que querían caer, por tanto, casi nadie

Notaba que habían caído. Sus televisores se quedaban
Prendidos por días, como cada una de las constelaciones

Se balanceaban en el cielo como si nada hubiera pasado.

Todavía caen flores de guayacán

En la ciudad de Cali,
Que se quema bajo el sol,
Y la brisa refresca por las tardes
Hace años viví en una casa blanca,
Con muros de jardín arqueados.

Mucho después, regresé a verla,
En las horas en que el calor mitiga,
Pero habían construido un edificio blanco
En el suelo donde antes estuviera la casa.
A la izquierda, la verja de alambrado,
La casa del vecino,
El polvo en las paredes
Y zarzas que subían hasta el techo;
El colegio de niñas con ladrillos rajados,
Que el calor y la lluvia habían desteñido.

De pronto se escuchó
La corneta del coche
Del ciego,
Que a la puerta del colegio
Ofrecía *cholado;*

La letanía del que vendía mangos
—*Mango biche, mango biche con sal,*
Las campanillas
Del carro de paletas...
Parecían venir de todas las esquinas...

En el aire un olor dulzón
A flor de guayacán,
Y sobre las aceras,
Un reguero
De pétalos rosados
Empezaba a podrirse.

Guayacán Blossoms, Still Falling

In the city of Cali,
Baked beneath the sun,
And cooled by a breeze in the evenings,
I lived years ago in a white house,
Behind arched garden walls.

Much later, I went back to see it,
Late in the day when the heat lessened,
But they'd put up a white building
On the lot where the house stood.
To the left, a wire fence,
The neighbor's house,
Dust on its walls,
Vines growing up to the roof,
And the girls' school with cracked bricks
Faded by heat and rain.

Suddenly by the school door,
The honk of the horn
From the cart
Of the blind man
Who sold *cholado*,

Cries of the mango-man:
Mango biche, mango biche con sal,
And the bells
From the popsicle cart—
Seemed to come from every corner.

In the air, the cloying odor
Of guayacán blossoms,
And on the sidewalk,
A trail
Of pink petals
Starting to rot.

October

In October, each sunburnt blue sky
Worries us. The high pressure before
A hurricane looks like this, a wind
Out of the east or south, dust carried
All the way from the Sahara on
Heat-driven currents, rows of broken
White clouds pushed toward this distant side of
The world. I think how much dust I've breathed
In sixty-five years, how the Gobi,
The Kalahari, even the ten
Deserts of Australia, have all swirled
In my lungs, mixed with auto exhaust,
With the dry air conditioning of
Hospitals and office buildings, damp
Mists of Venetian canals before
Sunrise, the marshes on the North Shore
Of Massachusetts, the smoke from fires
In the Everglades—I don't have to
Travel anywhere to see what floats
In my blood. In India, they pour
Oil on a corpse, light it, and watch as
The ash drifts up into the sky. In
Miami, I take a quiet breath.

Octubre

En octubre, cada cielo azul quemado
Nos inquieta, la presión crecida antes
Del huracán, se ve de esta manera:
Un viento que viene del este o del sur,
Polvo arrastrado desde el Sahara
En corrientes que el calor impulsa,
Hileras de nubes blancas en girones,
Empujadas hacia este lugar distante
Del mundo. Pienso en cuánto polvo
He respirado en sesenta y cinco años,
En que el Gobi, el Kalahari e incluso
Los diez desiertos de Australia han girado
Todos en mis pulmones, mezclados con
Escape de autos, aire acondicionado
Seco de edificios, de hospitales y
Oficinas, niebla húmeda de canales
De Venecia antes de la salida del sol,
Los pantanos de North Shore en Massachusetts,
El humo de los incendios de Everglades.
No tengo que viajar a ningún sitio
Para ver lo que flota en mi sangre.
En India, le echan aceite a un cadáver,
Lo iluminan y miran la ceniza
Elevarse al cielo. En Miami,
Respiro con calma.

Ghazal del polvo

En la tierra, la atmósfera y el universo,
Habita omnipresente el dios polvo.

Atardecer, polvillo y viento, me pica la nariz,
En el pecho me ha dejado un brote, bendito polvo.

Se cayó la amatista verde de mi anillo,
Debajo de mi cama, sólo un recibo viejo y polvo.

Un libro en mi mesita, entre sus hojas
Recuerdos de un papiro egipcio: añoso polvo.

Sé que tú no lo ves, pero en mi ropa
Y hasta entre mis uñas se mete el polvo.

Aún si lo sacudo, la caspa y las escamas
De piel seca se vuelven polvo.

Después que me incineren o sepulten,
Aún seré querida como polvo.

Ghazal of Dust

In the earth, the atmosphere, the universe,
Lives omnipresent the god of dust.

Sunset, grit, and wind, my nose itches,
Leaves a rash on my chest—damned dust!

The green amethyst fell from my ring,
Under my bed, only an old receipt and dust.

A book on my night table, between its pages
Legacy of Egyptian papyrus: ancient dust.

I know you don't see it, but into my clothes,
And even under my nails, creeps dust.

No matter how much I clean, dandruff and
Scales of dry skin turn to dust.

After I'm cremated or buried,
I'll still be loved as dust.

Black Olives

When I first moved here, I regretted
The loss of my garden, my fruit trees,
Loquats, mangos, longans and lychees,
Avocados and a Brazilian
Tree whose name I forget. The yard was
Barely big enough to hold them all.
Here, the side yard is shaded by huge
Black olive trees. There is little light, and
Despite their name, black olives do not
Give fruit. There's no room for planting trees
Of any kind. In the afternoons
Though, I look out the sliding-glass doors
And see thin trunks of umbrella trees
Forcing their way up through the paving

Stones of the patio. Invasive,
And destructive, they remind me how
Easily this small yard next to the
Sand trap and ninth hole of a golf course
Could go back to the kind of swamp they
Call a hammock, how the monstera
Vines could squeeze tendrils under the roof
And the house return to rotting wood
And dirt. The opossums and raccoons
Would start prowling in daylight. You and
I would have to move elsewhere, maybe
A small apartment downtown, and I'd
Remember that bench by the back fence
And regret losing those black olives.

Árboles de aceitunas negras

Poco después de mudarme aquí, lamenté
Haber perdido mi jardín, mis árboles frutales:
De nísperos, de mangos, de longuianes y lichis
De aguacates y un árbol brasileño
Cuyo nombre he olvidado. En el jardín
Había a duras penas espacio para todos.
Aquí, unos árboles enormes de aceitunas negras
Le dan sombra al jardín de al lado. Hay poca luz
Y a pesar de su nombre, los olivos de aceitunas
Negras no dan fruto. No hay espacio para sembrar
Ninguna variedad de árbol. Aunque por las tardes,
Miro a través de las puertas correderas de cristal
Y veo delgados troncos de árboles paraguas
Que se abren paso entre los adoquines del patio.

Invasores y destructivos, me recuerdan
Lo fácil que sería que este jardín pequeño,
Junto al banco de arena y al noveno hoyo
De un campo de golf, volviera a ser uno de esos
Pantanos que llaman *hammock*, que los bejucos
De monstera se apiñaran en gajos bajo el techo
Y la casa volviera a ser madera podrida
Y tierra. Las zarigüeyas y los mapaches
Empezarían a merodear a plena luz del día.
Tú y yo tendríamos que mudarnos a otro lugar,
Tal vez a un apartamento pequeño en el centro,
Y yo recordaría aquella banca junto a la cerca
De atrás y lamentaría haber perdido
Esos árboles de aceitunas negras.

Por la ventana de un patio sin mangos

No había un palo de mango en ese patio.
La mesa de madera se caía a pedazos
de tanto recibir lluvia, sol del trópico
y muy pocos cuidados amorosos.

Las hojas se amontonaban en el suelo,
se podrían por la lluvia, dejaban un residuo,
una capa verdosa que se volvía sólida,
imposible de raspar con una espátula

y aunque cerquita había casas con jardines
con árboles de mangos, con arbustos de flores
amarillas y fucsias, en el patio sin mangos
los insectos y bichos tenían un paraíso.

Las abejas y mosquitos
venían con el calor, los mapaches
y las zarigüeyas saltaban por la cerca,
las lagartijas andaban entre los arbustos,

las piedras y los árboles,
e insectos de nombre desconocido,
se comían las plagas del jardín
y se apareaban en camastros de tierra.

A veces una lagartija de papada roja
corría por las patas de la mesa
que se hundía en el patio.
Y por la noche, cuando algunos bichos

se duermen y otros salen de sus huecos
se oían voces desde la cocina
y jazz en un estéreo y de pronto,
detrás de la ventana de ese patio

se apagaba la luz fluorescente,
se prendía la luz del comedor
a la hora de servir la comida
y se oían las risas

de la mujer y el hombre
que cenaban detrás
de la ventana
del jardín sin mangos.

Through the Window of a Patio
Without Mangoes

There was no mango tree on that patio.
The wooden table was falling to pieces
from all the rain, tropical sun,
and very little loving care.

Leaves piled up on the paving stones,
rotting from the rain, leaving a residue,
a greenish layer that became solid,
impossible to scrape off with a spatula,

and although there were houses with gardens nearby,
with mango trees, with flowering bushes,
yellow and fuchsia, it was on the patio without mangos
that insects and animals found paradise.

The bees and mosquitoes
came with the heat, the raccoons
and opossums jumped over the fence,
and lizards wandered among the bushes,

the stones, the trees,
and insects of unknown name,
eating the garden pests
and mating in earthen beds.

Sometimes a lizard with a red jowl
would scurry along the legs of the table
that had sunk into the patio.
And at night, when some animals

go to sleep and others come out from their holes,
you could hear voices from the kitchen
and jazz on a stereo, and suddenly,
behind the window of that patio,

at the time for serving food,
the fluorescent light was switched off,
the dining room light switched on,
and you could hear the laughter

of the woman and the man
who dined behind the window
of the garden without mangos.

Heisenberg in the Suburbs

Last night, I threw apples out back for
The possums, or maybe the rats. You
Can never know which will find them first.
The apples were the green kind and had
Stayed on the table too long, their skins
Dry and wrinkly. In the dark, I threw
Them in the direction of the fence.
The grass is high over there, the vines
Untrimmed. I don't know where they landed.
Throwing an apple in the dark is
An exercise in uncertainty.
You never know what will find it or
What trouble you might be causing. I
Remember getting a call one day
That the backyard was full of huge birds.

My Doberman killed a snake, I guess,
And then may have killed a raccoon or
Possum—by then, it was hard to tell
Which—that was trying to eat the snake.
Some buzzards got wind of this and packed
The yard, angling between themselves for
A shred of whatever was still left.
The dog did have a long history
Of snake-killing, but whatever was
Eating the snake might have killed it just
As easily, then choked on what he
Swallowed, and the poor dog barking at
The door may have played no part in it.
The buzzards weren't even curious.

Heisenberg en los suburbios

Anoche, tiré manzanas atrás al jardín
Para las zarigüeyas, o quizá las ratas.
Nunca se sabe cuál las hallará primero.
Eran manzanas de las verdes, habían estado
En la mesa por mucho tiempo, con la cáscara
Seca y arrugada. En la oscuridad
Las tiré hacia la cerca. El pasto allá es alto,
Los bejucos sin podar. No sé dónde cayeron.
Tirar una manzana en la oscuridad
Es un experimento en la incertidumbre.
Nuca se sabe quién la encontrará
Ni que problemas podrá ocasionar.
Recuerdo que un día recibí una llamada
Porque mi jardín estaba lleno de aves enormes.
Mi Dóberman había matado una serpiente, creo,

Luego tal vez un mapache o una zarigüeya
—Para ese entonces ya era difícil saber cuál—
Que estaba tratando de comerse a la serpiente.
Algunos gallinazos se enteraron por ahí
Y llenaron el jardín, apretujándose entre ellos
Para hallar una pizca de lo que quedara.
El perro tenía un largo historial
De matar serpientes, pero cualquiera
Que estuviera comiéndose la serpiente
Podría haberla matado igual de fácil
Y luego atorarse con lo que tragara
Y el pobre perro que ladraba ante la puerta
Tal vez no tuvo nada que ver en el asunto.
Los gallinazos ni siquiera se interesaron.

En cualquier calle

Esa tarde caminamos hasta una esquina
para ver unos cuerpos oscuros que de lejos
saltaban de un lado al otro de la carretera.

Era la hora en que el verde es aún verde
y en la distancia, a la luz de la tarde,
las siluetas parecían ratas enormes,

o ardillas negras, pero eran gallinazos
que volaron hasta una mortecina,
con el hocico y rabo de una zarigüeya.

Un gallinazo brincó sobre él,
los otros observaban,
reacios a caer sobre la presa.

El pájaro le picoteó el ano, las tripas,
jaló de una como de un simple hollejo,
le mordió el cogote, el buche, el tragadero...

Lo miramos picar de cada cosa.
Cuántas veces habremos encontrado
a ese ángel carroñero en una esquina,

que baja y come del animal caído,
recoge del camino la carne que se pudre.
Se traga las bacterias, desinfecta la calle,

pero eso al carroñero lo tiene sin cuidado.

On a Random Street

That afternoon, we walked to the corner
to see some dark figures jumping,
far away, from one side of the road to the other.

It was the hour when green is still green.
In the distance, in that evening light,
the silhouettes resembled huge rats,

or black squirrels, but they were buzzards
flying up to a corpse
with the snout and tail of an opossum.

One buzzard jumped on top;
the others watched,
hesitant to fall on the prey.

The bird pecked at the possum's anus, intestines,
tugging at a piece as though it were just a husk,
biting the neck, stomach, throat....

We watched him peck at everything.
How many times have we encountered
this scavenger angel at some corner,

descending and eating a fallen animal,
picking up rotting flesh from the road?
He swallows bacteria, disinfects the street—

But to a scavenger, it doesn't matter.

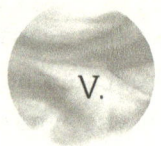

V.

No reverdecerá la montaña.
The mountain won't turn green again.

Treatment

My father had chemotherapy
In the afternoon. I drove him there,
Watched doctors draw off a bag filled
With bloody fluid from his stomach,
Then inject the poison that would keep
Him alive a little longer. He
Was thinner than I'd ever seen him,
Except for his bloated abdomen
That would grow taut, drum-like, a ball of
Pain, until the next week's treatment. It
Was all about dying more slowly,
Clinging to this world he was less a
Part of every morning, coming back
From sleep until the day he wouldn't
Want to come back anymore, see his
Face turning to skull in the mirror—
But even then, he wanted to live.

Tratamiento

Mi padre tuvo quimioterapia
Por la tarde. Lo llevé hasta allá
Vi a los médicos sacar una bolsa
Llena de fluido sanguinolento
De su estómago, luego inyectar
El veneno que lo mantendría vivo
Por algo más de tiempo. Jamás
Lo había visto tan enflaquecido,
A excepción de su vientre inflado
Que se tensaba como un tambor,
Como una pelota de dolor, hasta
La próxima semana de tratamiento.
Se trataba de morir más despacio,
De aferrarse a este mundo al cual
Cada mañana pertenecía menos,
De volver del sueño hasta el día
En que no quisiera hacerlo más, ni ver
Su cara en el espejo volverse calavera.
Pero incluso entonces, quería vivir.

Lo que queda de ti

Tus grandes ojos pardos
Que escudriñan curiosos
Al que entra por la puerta;
Tus dos manos pequeñas
Que aún pueden llamar
Por el timbre inalámbrico
A la enfermera joven,
O estirar la cobija
Para mejor cubrirte;
Tu piel color marfil
Sin pecas, sin arrugas;
Tu muñeca delgada,
El reloj de pulsera
Al que de vez en cuando
Le preguntas, ¿Amanece?
¿Ya es hora dormirme?
Y tu vos socarrona
Que me llama: "mijita".

What's Left of You

Your large brown eyes
That scrutinize, curious,
Whoever enters the doorway;
Your two small hands
That can still press
The wireless buzzer
To call the young nurse
Or stretch the blanket
To cover more of you;
Your ivory-colored skin
Without freckles, without wrinkles;
Your frail wrist,
Your watch that you
Check every so often,
Asking, *is it dawn?*
Time to sleep?
Your teasing voice
Calling me "*Mijita.*"

Arden los cerros de Cali

Unos hombres al anochecer,
Salen de la ladera de la montaña
Rocían gasolina, tiran fósforos, se pierden
Luego, entre el humo, monte abajo.

Los cerros arden, las acacias amarillas
Los guayabos y los guayacanes
Se desmoronan en cenizas.
Unos árboles pajizos quedan en pie,

Solos, frente a leños carbonizados.
Las guaridas de zarigüeyas e iguanas
Se han quedado vacías. *Alguien grabó*
A una hembra herida de guatín caer muerta,

Después de ver arder a sus crías,
Y a un pichón de guacharaca
Cojeando entre las cenizas.
Muere la vida diminuta de la tierra,

Los hongos y las algas que nadie ve.
Un aire oscuro, cargado de partículas,
Desciende a Cali.
Pero aún si estuvieras allí

El carbón no entraría a tu cuarto
De ventanas cerradas,
Ni a tus pulmones
Débiles con neumonía.

La ceniza caería al río,
Sobre los techos y el asfalto, llegarían
Quizá al cementerio donde te cremaron.
¿Te acuerdas de los cerros azules,

Que mirabas a veces por la tarde?
Si pudieras aún contemplarlos,
Verías un monte renegrido,
Que todavía humea.

Quizás luego crezcan brotes
En los troncos quemados y germinen
Semillas en el suelo, pero para nosotros
No reverdecerá la montaña.

The Hills of Cali Are Burning

At dusk, a few men show up
On the mountainside,
Spraying gasoline, throwing matches, then
Disappearing in the smoke, down the mountain.

The hills burn. The yellow acacias,
Guavas, *guayacanes*,
Crumble to ash. Some trees
The color of straw

Stand alone, in front of the charred wood.
Nests of opossums and iguanas
Are abandoned. *Someone videos*
A wounded guatín, a female, drop dead

After seeing her offspring burn, a young
Guacharaca limping through the ashes.
The small life of the earth also dies,
Algae and fungi that no one sees.

A dark air, full of
Particulates,
Descends on Cali.
But even if you were still there,

That carbon couldn't get into your room
With its closed windows,
Or your lungs
Frail from pneumonia.

The ash would fall into the river,
On the rooftops and asphalt, maybe reaching
The cemetery where they cremated you.
Do you remember the blue hills

You'd contemplate sometimes in the afternoon?
If you could look at them now,
You'd see only a blackened mountain,
Still smoking.

Maybe later, buds will sprout
From the burned logs and seeds will
Germinate in the ground, but for us,
The mountain won't turn green again.

Reading Orwell in Colombia

While you tended your father in the nursing home, I sat
In the shade, nodded occasionally to residents and nurses,
And watched the white geese splashing in a pond.

We were south of Cali, a suburb with green fields nearby,
Estates behind white walls, cattle grazing, riders exercising
    horses.
On the side of the highway, there were families who'd crossed

The mountains from Venezuela and were headed south, children
With small backpacks, blue and pink, as though they'd gone
For a day hike, one that might last the rest of their lives.

Some were asleep. Others, grown men, begged for pesos or
Sold bottled water or energy drinks. I could feel it itching
At the back of my brain, but the thought never made it into
    words.

This couldn't last forever. My whole life, I've been lucky.
I've never had to leave my country and start over, without
My grandfather's books, the family paintings, Chinese vases.

You ask me if your apartment is "chaotic." I laugh and say no,
And every time I'm there, I think how you assembled it all from
Almost nothing, how much each book, each photo, matters.

You say, joking, when you got here you missed the strikes. "They
Happened all the time." Now, there are barricades across
The highway between Cali and Pance—not something wooden

Out of Les Misérables, but the serious kind built by people
Who've had practice, beams of corrugated metal, braced,
    connected,
Something designed by engineers. I read Homage to Catalonia,
    but

I didn't pay attention. I missed it: everything has consequences,
An insurrection in Washington or a general strike in Colombia.
Someone on YouTube says that the *policía* wait until dark,
    then fire

At every shadow, and a friend writes from Pereira that
Paramilitaries threaten the lives of doctors who treat protestors.
His life has been threatened also. There's nothing

We can do but send text messages, emails. We say,
"Stay safe. Be careful." But it doesn't mean much.
The world is not as well-built as those barricades in Cali.

Governments are made of glass and string, rubber bands and
Lots of paper. In Cali, the police station reminded me of
A huge block of concrete, a relic of civil war, guards with

Automatic weapons—but it's a façade. Your sister in Pance
Writes she only has food to last the week. In Barcelona,
The leftist parties did Franco's work for him, shooting

Each other, declaring everyone else collaborators and
     criminals.
Orwell escaped to France and back to England. The republic
     fell.
From here in Miami, I read that a new wave of protests

Is starting soon in Cali, that the humanitarian corridor has
Been closed. We don't know who is safe and who isn't.
Two years ago, I was reading Orwell in Colombia.

                                        May 11, 2021

Cuando leía a Orwell en Colombia

Mientras cuidabas a tu padre en el hogar geriátrico, yo a la
sombra
Sentado, a veces saludaba con la cabeza a residentes y
enfermeras
Y observaba a los gansos blancos chapotear en un estanque.

Estábamos al sur de Cali, en las afueras, cerca de verdes
prados
Con fincas detrás de muros blancos, ganados que
pastaban, jinetes
Que ejercitaban caballos; al lado de la carretera, familias
que habían

Cruzado las montañas desde Venezuela y se dirigían al
sur, niños
Con morales pequeños, azules y rosados, como si hubieran
salido
A un día de excursión, que podría durar el resto de la vida.

Algunos dormían. Otros, hombres adultos, pedían pesos
O vendían agua en botella, o bebidas energéticas. Algo,
me bullía
En la cabeza, pero la idea nunca se convirtió en palabras.

"Esto no podrá durar siempre". Toda mi vida he tenido
    suerte.
Nunca tuve que dejar mi país y empezar de nuevo, sin los
    libros
De mi abuelo, las pinturas de mi familia, los jarrones
    chinos.

Me preguntas si tu apartamento es caótico. Me rio y digo
    que no,
Y cada vez que estoy ahí pienso como has reunido todo
A partir de casi nada, cuánto importa cada libro, cada
    fotografía.

Dices en broma que cuando viniste aquí extrañabas las
    huelgas.
"Ocurrían todo el tiempo". Ahora hay barricadas de un
    lado a otro
De las carreteras entre Cali y Pance, no hechas de madera,

Como en "Los miserables", sino barricadas de verdad,
    hechas por gente
Con experiencia, vigas de metal corrugado, reforzadas y
    acopladas,
Algo diseñado por ingenieros. Leí Homenaje a Cataluña,
    pero
No le puse atención, no lo entendí: todo tiene consecuencias,

Una insurrección en Washington o una huelga general en
Colombia.
Alguien en YouTube dice que la policía espera la noche,
luego dispara

A cada sombra, y un amigo escribe desde Pereira que los
paramilitares
Amenazan de muerte a los médicos que tratan a los
manifestantes.
A él también lo amenazaron de muerte. No podemos hacer

Otra cosa que enviar mensajes de texto, emails. Decimos,
"No te expongas". "Ten cuidado". Pero eso no significa mucho.
El mundo no está tan bien montado como esas barricadas
en Cali.

Los gobiernos están hechos de vidrio y cuerda, cauchos y
Montones de papel. En Cali, la estación de policía me
recordaba
Un enorme bloque de cemento, una reliquia de la guerra
civil, guardias
Con armas automáticas, pero eso es una fachada. Tu
hermana en Pance
Escribe que sólo tiene comida para una semana. En
Barcelona
Los partidos de izquierda le hicieron el favor a Franco,
al dispararse

Entre ellos, declarando a los demás colaboradores y
    criminales.
Orwell escapó a Francia y regresó a Inglaterra. La república
    cayó.
Desde aquí en Miami, leo que una nueva ola de protestas

Va a comenzar pronto en Cali, que el corredor humanitario
Se ha cerrado. No sabemos quién está a salvo y quién no.
Hace dos años, estaba leyendo a Orwell en Colombia.

11 de mayo de 2021

Lo ácido y lo dulce

Las moras amargas, ácidas,
Que probé de niña

En almíbar,
Aunque dulces, tenían

Algo del sabor áspero
De las moras crudas.

Me fui de mi país
En un día tardío de mi vida.

Las moras se quedaron en estantes,
En gavetas de mercado.

Allí mis tías y mi madre
Las habían olido y

Palpado
Antes de comprarlas.

Regresé un día,
Cuando murió mi padre.

Fuimos tú y yo al funeral,
Luego a la plaza de mercado

Y en un puesto de frutas
Las moscas rodeaban unas moras

Igual que asedian a los animales
Que mueren a la intemperie.

De noche, en un café
Cerca de nuestro hotel,

Comimos un *cheesecake*
Con moras en jalea.

Aunque dulce, esa salsa
Aún tenía un poco

Del sabor acre
De las moras crudas.

Yo sólo descubrí
La dulzura de las moras,

Cuando me las serviste aquel abril,
Después de regresar del funeral.

The Acidic and the Sweet

The bitter, acidic blackberries
I tasted as a child

In syrup,
Though sweetened, kept

Some of the harsh taste
Of raw blackberries.

I left my country
On a day late in my life.

The blackberries remained on the shelves,
In market bins,

Where, my aunts and my mother
Had smelled them and

Touched
Before buying.

One day, I returned,
When my father died.

We went, you and I, to the funeral,
Then the marketplace,

And at a fruit stand,
Flies were circling some blackberries

Just as they lay siege to animals
That die in the open.

At night, in a café
Near our hotel,

We ate cheesecake
With blackberries in jelly.

Though sweet, that sauce
Still kept a little

Of the acrid taste
Of raw blackberries.

I only discovered
The sweetness of blackberries,

When you served them to me that April,
After we returned from the funeral.

Funeral

Last night when we got home, the big dipper
Was directly overhead. I pointed it out to you and
Tried to find the north star. Maybe I was right,

Maybe not. The city lights made it hard to see.
The trip to Cali had been hard in a different way.
We got there just in time for your father's

Funeral, stood beside his coffin with the rest of
Your family. He was ninety-one and had outlived
Friends, your mother too. When they lifted

The lid, I could see his face had color again—
Make-up, of course—but he wasn't there. I thought,
He's a ghost now—not the kind that rattles

Dishes in a cupboard but an emptiness
Making the world feel colder and strange,
Not a missing person but a person missing.

Outside the wooden door with your father's name
On a placard, other families walked by, going to
Or from their own wood-paneled rooms and doors.

In one, I'd seen three women and a man, motionless,
Staring at the hole that had just been cut in their lives,
In another, a larger family chatting, uncomfortable,

Unable to stand or sit still. After a while, a young
Woman with an official air came in and read a short
Speech in Spanish that I didn't understand, and

Dark-haired men in white shirts moved your father
Efficiently to a hearse in the garage, from there
To a cemetery in the mountains.

*

The next day, we bought fruit at Galería Alameda
And taxied from San Antonio to see places
You'd lived growing up, the house your father

Bought by the Río Cali—it's a business now, but the
Security guard let us in to look around, see
Your old kitchen, the terrazzo floors, the room

Where you studied. Later, we went out for coffee,
And pastries, did the things people do to
Remind themselves they're still alive.

*

On the flight back, we read poems by Primo Levi.
There was an empty seat next to us,
And you slept with your head in my lap.

Funeral

Anoche, cuando llegamos a casa, la Osa Mayor
Estaba directamente sobre nosotros. Te la señalé y
Traté de encontrar la Estrella Polar. Tal vez tenía razón,

Tal vez no. Las luces de la ciudad hacían difícil ver.
El viaje a Cali había sido difícil de un modo diferente.
Llegamos justo a tiempo para el funeral de tu padre,

Nos quedamos parados junto al ataúd
con el resto de tu familia. Tenía noventa y un años,
había sobrevivido a sus amigos, a tu madre también.

Cuando alzaron la tapa vi que su cara tenía color otra vez,
Maquillaje, por supuesto. Pero no estaba ahí, pensé
Ahora es un fantasma, no de los que hacen ruido

Con los platos y el cartón, sino un vacío
Que hace sentir el mundo más frío y extraño
No una persona desaparecida, sino una persona ausente.

Afuera, la puerta de madera con el nombre de tu padre
En un letrero, otras familias pasaban, iban o venían
De sus habitaciones de puertas con paneles de madera.

En una, había visto a tres mujeres y un hombre, inmóviles,
Mirando al agujero que acababa de abrirse en sus vidas,
En otra, una familia más grande charlando incómoda,

No podían quedarse de pie o sentados. Después de un rato
Entró una mujer joven con aire de funcionaria
y leyó un breve discurso en español que no entendí

Y hombres de pelo oscuro con camisas blancas
Trasladaron a tu padre hábilmente a un coche fúnebre
En el garaje y desde allí a un cementerio en las montañas.

*

El día siguiente, compramos fruta en la galería Alameda,
Y fuimos desde San Antonio en taxi a ver lugares
Donde habías crecido, la casa que tu padre compró

En el río Cali; ahora es una empresa, pero el vigilante
nos dejó entrar a echar una mirada,
Para ver la vieja cocina con suelos de terrazo

El cuarto donde estudiabas. Mas tarde fuimos a tomar café
A comer pasteles, a hacer las cosas que la gente hace
para recordarse de que están vivos.

*

En el viaje de vuelta leímos poemas de Primo Levi.
Había un puesto vacío al lado de nosotros,
Y te dormiste con la cabeza en mi regazo.

Cosas de patos

A las seis caminamos
Por los alrededores de la casa,
Anochecía, fuimos hasta la acequia.
Dos patos criollos en el pasto
Miraban hacia el agua verdosa del canal.
La pata, con un pañolón blanco
Alrededor del cuello, era hermosa y rolliza,
Tenía el pico de un escarlata oscuro.
El pato junto a ella, cabeza y copete rojo,
Parecía un pariente del gallo.
Me arrimé despacito para mirarlos bien.
Los patos criollos eran pareja,
Tal vez por la estación
En que ventea frío,
Tal vez para cuidar
Una camada de paticos.
Los patos me miraron
Con sus ojos inmóviles de ave.
Quise fotografiarlos,
Cuchichearles una zalamería,
Tocar sus plumas,
Pero ellos volaron asustados,
Se echaron a las aguas del canal.
Yo veía la estela blanca que dejaron,
Pensando en qué se siente al ser un pato.

About Ducks

At six o'clock we went out walking
Near the house.
As it grew dark, we followed the waterway.
Two Muscovy ducks on the grass
Looked down into the greenish water of the canal.
The duck with a white scarf
Around its neck was beautiful and plump.
Its beak was a dark scarlet.
The duck next to it, with red head and crest,
Looked like a relative of a rooster.
I approached slowly to get a good look at them.
The Muscovy ducks were a couple,
Perhaps because of the season
With its cold wind,
Perhaps to care for
A litter of ducklings.
The ducks looked at me
With their motionless bird's eyes.
I wanted to photograph them,
To soothe them with soft noises,
Stroke their feathers,
But they flew away frightened,
Splashing into the waters of the canal,
While I stared at the white trail they left,
Thinking what it must feel like to be a duck.

Muscovy Ducks

At winter solstice, canals should be slow moving,
Not a brown surge of water clambering banks,
Rustling the noon-white sun in its reflection.
Muscovy ducks reconnoiter the parking lots,

Retreat beneath oaks and sea grape, leaning
Over to jab quickly at palmetto bugs
Or maybe bread I throw in their direction.
By now, they know me, look up as I arrive.

Some, fearful, flap to roost on the golf course,
Its lake also uncommonly high, reptiles
Twisting beneath the surface, slaloming
The weeds. But most would rather take their chances

Pecking at curtilage, gravel, and roots of trees.
Yesterday, one was broken limbs and feathers,
Lopsided by the curb. I smelled the carcass,
Saw it, and hardly knew it was a bird.

Los patos criollos

En el solsticio de invierno, los canales deberían moverse
    lentamente,
No en un aluvión de agua marrón que se trepa por las
    orillas,
Que hace temblar el reflejo del sol blanco de mediodía.
Los patos criollos reconocen los aparcamientos,

Se retiran bajo los robles y la uva caleta,
Se inclinan para pinchar ágilmente las cucarachas
o tal vez el pan que arrojo hacia ellos.
A estas alturas, me conocen y alzan la vista cuando llego.

Algunos, temerosos, aletean para posarse en el campo
    de golf,
cuyo lago es también excepcionalmente alto, los reptiles
se retuercen bajo la superficie, zigzaguean en la maleza
Pero la mayoría prefiere probar suerte

Picoteando el predio, la grava y las raíces de los árboles.
Ayer, uno tenía las extremidades y las plumas rotas,
Patas arriba junto al sardinel. Olí el cadáver,
lo vi, y escasamente supe que era un ave.

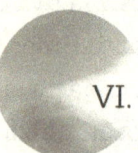

VI.

In the future that doesn't exist yet....
En un futuro que aún no existe....

Días de calor

En un futuro cercano,

aún llegarán los patos a buscar comida, mientras los cuervos
    graznan en un árbol.
Yo desmenuzaré tajadas de pan duro y un cuervo se llevará
    un buen trozo
y comerán los patos y al irse dejarán porquería y orines.

En un futuro no lejano,

por la noche, cuando estemos comiendo, las polillas y
    abejas vendrán
a morirse entre los vasos de la lámpara,
    y tú y yo esperaremos a que el calor afloje,
caminaremos tarde y veremos a los patos echados en
    la hierba.

En un futuro cercano,

los patos no volverán; ya no veremos más sus patas
    amarillas,
al andar ladeándose sobre el pavimento. Tal vez se vayan
    junto al agua, a los pastos de la acequia
o del río y después, llegarán otros patos a invadir los solares
    de las casas.

En un futuro no lejano,

el calor hará hervir el aire y la tierra, pero aún oiremos a
    los cuervos en un árbol, "ca, ca,"
y habrá frescura dentro de la casa, y café, frutas, queso y
    vino... y cada vez con más frecuencia
las copas y los platos se quedarán olvidados en la mesa.

En un futuro que parece lejano,

por las noches sentiremos la hoguera del infierno, pero
    tú y yo aún caminaremos tarde
y nuestros muertos pasarán en silencio cerca de nosotros
    y un perro ladrará desde una cerca,
como ladraba el perro de ojos cariñosos, muerto ya hace
    años.

En un futuro que parece remoto,

nosotros acabaremos desapareciendo y los patos, las polillas,
    las abejas y los cuervos
desaparecerán también y en el patio las hojas cubrirán
    las piedras y crecerá debajo una capa
marrón, que se endurecerá hasta volverse parte de ese suelo

y habrá pasado mucho tiempo desde que te decía yo
que había que llamar un jardinero.

Days of Heat

In the near future,

ducks will still come foraging for food, while crows caw in a tree.
I'll crumble slices of stale bread and a crow will grab a good-
    sized chunk
and the ducks will eat and leave behind filth and piss.

In the not-too-distant future,

at night, when we're eating, the moths and bees will come
to die inside the glass shades of the lamp, and you and I will
    wait for the heat to subside,
we'll walk late and watch the ducks lying down in the grass.

In the near future,

these ducks won't come back; we won't see their yellow feet
    anymore,
waddling on the pavement. Perhaps they'll go to the water, to
    the pastures around the canal
or the river, and then other ducks will invade the yards of
    houses.

In the not-too-distant future,

heat will scald the air and the ground, but we'll still hear the
crows in a tree, "caw, caw,"
and the house will be cool, and there'll be coffee, fruit, cheese
and wine … and more and more
often, the cups and plates will be left forgotten on the table.

In a future that seems distant,

at night we'll feel the fire of hell, but you and I will still walk late
and our dead will pass near us silently and a dog will bark from
a fence,
as that loving-eyed dog used to bark, dead already years ago.

In a future that seems remote,

we will eventually disappear and the ducks, the moths, the
bees, and the crows will disappear
too, leaves will cover the stone tiles of the patio, and a brown
layer will grow underneath them
hardening to become part of that soil,

and it will have been a long time since I told you
we needed to call a gardener.

Sunday

In the future that doesn't exist yet, I
Wake sluggishly on a Sunday, press
Dry lips against your shoulders and neck,
Wrap my leg over yours and, still half dreaming,
Let my hand drift across your breasts, down
To the sheets twisted by gyrations
Of love and sleep. Morning light
Evades the shutters, reveals the wall
By the closet, the Chinese calligraphy
Framed above the desk—the one a monk gave me
Forty years ago—and the chair where your robe
Waits, folded, patient, nearly as smooth
As your skin beneath my hand.
In the future that doesn't exist yet, we
Will eventually be missing. I don't remember
What the calligraphy meant. I think it had
Something to do with emptiness and form,
How even when we're here, like this,
It's not for long. But we don't need
Calligraphy to tell us that. We hold each other
For a while and then make coffee.

Domingo

En un futuro que aún no existe,
Me despierto lentamente un domingo, aprieto
Los labios secos contra tus hombros y cuello,
Enrosco mi pierna en la tuya y, aún medio dormido,
Dejo que mi mano vaya a la deriva por tus senos
Hasta las sábanas retorcidas por las vueltas
Del amor y del sueño. La luz de la mañana
Evade las correderas y muestra la pared
Vecina al closet, la caligrafía china
Enmarcada sobre el escritorio,
La que me regaló un monje
Hace cuarenta años, y la silla donde tu bata
Espera, doblada, paciente, casi tan suave
Como tu piel bajo mi mano.
En el futuro que aún no existe, nosotros
Acabaremos desapareciendo. No recuerdo
Lo que significa la caligrafía. Creo que tenía
Algo que ver con el vacío y la forma,
Así como, incluso cuando estamos aquí,
De esta manera, no es por mucho tiempo.
Pero no necesitamos de la caligrafía
Para decirnos eso. Nos abrazamos
Durante un rato y luego preparamos café.

Luto

En un aparcamiento,
Entre tarros de basura,
Restos de cereal y
Cáscaras de banano
Un cuervo encuentra
Un bulto negro, inmóvil:
El cadáver de otro cuervo,
Arropado entre alas negras,
Negrísimas.
El cuervo lanza
Un alarido de alerta.
Pronto el cielo se colma
De graznidos y aleteos.
Vestidos de luto riguroso,
Del pico hasta las uñas,
Multitudes de cuervos
Sobrevuelan
El cadáver en círculos,
Se paran en los árboles,
Las cuerdas de la luz,
Observan
El cuerpo caído
Que solía picotear
Sobras de carne, pan,
Colillas

Entre los botes de basura.
En grupo chillan,
Protestan,
Corean lamentos
Fúnebres.
Yo los miro
Desde mi ventana
Hasta que se dispersan
Y sus lamentaciones
Se pierden en la tarde
Lluviosa.

Mourning

In a parking lot,
Between garbage cans,
Discarded cereal,
And banana peels,
A crow finds
Something black, motionless:
Another crow's corpse
Wrapped inside black wings,
Black-on-black.
The crow hurls
A scream of warning.
Soon the sky fills
With cawing and flapping.
Dressed in rigorous
Mourning from
Beak to claw,
Multitudes of crows
Fly over
The corpse in circles,
Come to rest in the trees,
On the electric wires,
Observe the fallen body that
Used to pick
Through leftover meat, bread,
Cigarette butts

Inside the garbage cans.
Together they scream,
Protest,
Chant mournful
Dirges.
I watch them
From my window
Until they disperse,
Lamentations
Fading in the rainy
Afternoon.

While I Slept

While I was asleep, a flock of geese landed in the tree by the
fence,
The one with high branches that look down on the houses and
golf course.

When I was asleep, a flock of geese landed on the roof and on
the fence.
They called to each other, anxious and hungry, looking for red
earthworms, black beetles.

When I was asleep, a flock of geese landed and flew off again.
They weren't done traveling, and there was nothing here worth
their time.

Somewhere to the south, there are marshes and islands,
horizons of sand and water.
Somewhere to the south, it never gets cold and there's plenty
to eat.

When I was asleep, a flock of geese stopped for a moment,
then kept going.

Mientras dormía

Mientras dormía, una bandada de gansos aterrizó en un
    árbol junto el cercado,
el de altas ramas, que mira desde arriba las casas y la cancha
    de golf.

Cuando dormía, una bandada de gansos aterrizó en el techo
    y en la cerca.
Se llamaban entre sí, ansiosos y hambrientos, buscando
    gusanos rojos y escarabajos negros.

Cuando dormía, una bandada de gansos aterrizó y se echó
    a volar de nuevo.
Su viaje no había terminado y no había nada aquí que
    mereciera su tiempo.

En algún lugar del sur hay ciénagas e islas, horizontes de
    arena y agua.
En algún lugar del sur nunca hace frío y hay muchas cosas
    para comer.

Mientras dormía, una bandada de gansos se detuvo
    un rato, luego siguió adelante.

Cuando llegue la sequía

Empieza a gotear,
En el cielo aparece una luz
Cargada de electricidad,
La lluvia se desploma, en minutos,
Se forman charcos en las piedras del patio.
El viento vapulea los árboles,
Una palma de coco se dobla sobre un techo,
Tres cocos amarillos ruedan por las tejas de arcilla.
Hermoso es contemplar la amenaza del agua,
Desde la intimidad de tu casa, los libros alrededor,
El comedor, la luz anaranjada y amarilla de las lámparas,
El perro que asustado gime y tu vos sosegada muy cerquita.

Hace ya mucho tiempo, en otra casa, hubo una lluvia distinta
Y una fascinación del miedo, y hubo un comedor pequeño.
Mis padres conversaban ahí, y comíamos sopa de torrejas
Pollo sudado, arroz con pimentón y moras en almíbar…
Era hermoso sentir el pavor de la lluvia.

Aquella casa ya no está,
Las rejas, las ventanas, las materas con flores
Y las puertas… cayeron demolidas.
No puedo reconstruir los techos,
Ni pintar sus paredes
Sus formas se han desvaído.

Ahora,
Sobre tu casa de madera oscura
Llueve y lloverá por años,
Hasta que la lluvia sea algo raro
Y la casa la hayan derribado y quizás,
Sólo queden árboles resecos, tierra estéril,
Y unos sapos enormes y mosquitos
Junto a una charca casi evaporada,
Donde estaban las palmas y tu antejardín.
Entonces nadie escuchará el clic del cerrojo,
Ni el motor de tu carro al encenderse,
Ni nuestras risas al salir de la casa.

When the Rain Stops

It begins by dripping.
A light charged with electricity
Appears in the sky,
Collapses into rain, in minutes
Forms puddles on the stones of the patio.
Wind batters the trees,
A coconut palm bends above a roof,
Three yellow coconuts roll along the clay tiles.
It's beautiful to observe the threat of water,
From the intimacy of your home, surrounded by books,
The dining room, the orange and yellow light of the lamps,
The dog scared, whining, and your calm voice, very close.

Long ago, there was another house, a different rain,
Fascination of fear, and a small dining room
Where my parents talked, and we ate soup with fried dumplings,
Stewed chicken, rice with paprika, blackberries in syrup....
It was beautiful to feel the dread of rain.

That house no longer exists.
Grillwork, windows, flowerpots,
And the doors ... fell demolished.

I can't reconstruct their ceilings
Or paint the walls.
Their outlines have faded.

Now,
The rain falls on top of your dark wooden house,
And will rain for years,
Until rain becomes something rare
And the house has been demolished and maybe,
Instead of the palms and your front yard,
Only dried-up trees remain, sterile earth,
And some huge toads and mosquitoes
Next to a pond nearly evaporated.
Then no one will hear the click of the doorknob,
Or the engine of your car when it's turned on,
Or our laughter as we leave the house.

"Thus"

Standing alone, it sounds like the name
Of an Egyptian god, one who might
Be worshipped by librarians and
Scholars of ancient languages. But,
It never stands alone. It connects
Propositions of philosophy
To fact, to a dry wrinkled lemon,
A cracked blue porcelain bowl, the light
That angles through the clouds at sunset—
How one thing leads to another *thus*,
Scratched into papyrus, this notion,
Miraculous, that *reason* rules the
World, a benevolent king with long
Fingernails and weak eyesight, that *time*,
His jealous, unforgiving brother
Obeys, albeit reluctantly,
His orders. *Thus*, was the square of the
Hypotenuse equal to the sum
Of the other sides' squares. *Thus*, will the
Worm-gnawed flesh fall away from our bones.
Thus, will my last thoughts be of your hand
Touching my arm, your easy laughter.

"Así"

Sola, suena como el nombre
De un dios egipcio que fuese
Adorado por bibliotecarios,
Por eruditos en lenguas antiguas.
Pero nunca está sola, relaciona
Proposiciones de filosofía
Con hechos, con un limón seco
Estriado, con un tazón de porcelana
Azul rajado, con la luz que se inclina,
Al crepúsculo entre las nubes:
Como una conduce a la otra *así*,
Garabateada en papiros, esta noción
Milagrosa de que la *razón* rige el mundo,
Un rey benevolente con uñas largas
Y corto de vista, de que el *tiempo*,
Su hermano, celoso y despiadado,
Obedece sus órdenes,
Aunque a regañadientes. *Así*,
Fue el cuadrado de la hipotenusa,
Igual a la suma de los cuadrados de
Los otros lados. *Así*, nuestra carne roída
Por el gusano caerá de nuestros huesos.
Así, mi último pensamiento será
El roce de tu mano en mi brazo,
Tu risa fácil.

Una noche de octubre en el futuro

Días después de que te hayas ido
casi a las seis miraré por la ventana.
La luz de fin de año que a esa hora decae
tendrá el mismo color que tenía en octubre
por la tarde, en tu patio.

Volveré a mi escritorio,
ojearé páginas en la pantalla.

Y vendrá la noche, casi idéntica a aquellas
en las que caminábamos después de que llovía
y había resplandores de la noche en el asfalto
y parches de barro seco en las aceras.

Cuando todas las luces se hayan apagado,
desde la misma casa de tus últimos años
saldré a mirar el cielo.
Y de pronto escucharé tu voz
y veré la luz de una linterna,
como la que llevabas
cuando íbamos al parque
y todo estaba oscuro
para evitar los huecos
y las piedras.

Pero la oscuridad
se inventa apariciones.
La luz podría ser el faro de un vehículo,
o un misterioso resplandor animal
y tu voz un sonido que el aire distorsione.

One October Night in the Future

Days after you're gone,
at almost six o'clock, I'll look out the window.
The end-of-year light fading at that hour
will have the same color it had in October
in the afternoon, on your patio.

I'll go back to my desk,
I'll scroll through pages on the screen.

And night will come, almost identical to those
when we'd go walking after a rain,
night glowing on the asphalt,
patches of dried mud on the sidewalks.

When all the lights have been turned off
in the same house from your last years,
I'll go out to look at the sky.
And suddenly I'll hear your voice
and see the gleam of a flashlight,
like the one you used to carry
to avoid holes
and stones
when we'd cross the field
and everything was dark.

But darkness
invents apparitions.
The gleam could just be the headlight of a vehicle,
or a mysterious animal glow
and your voice a sound distorted by the air.

Another October Night

They say in Japan it's a terrible thing
To be a hungry ghost, drifting unsatisfied
Through the lives you've left behind,

Calling out forever for some part of you
That's always missing. The wind
From the east brings rain, clouds moving

Quickly across the night sky, palm fronds
Stretched straight, then dropped, the powerlines
By the canal rocking and creaking slightly.

Perhaps, on one of those nights I'll be there
In the corner of your eye, an animal,
Unidentifiable in the dark, crossing the street,

Climbing down from a wall. I wouldn't want
To frighten you, so I might stay distant,
In the shadow of an allamanda vine

Or the headlights of a passing car—just
A glimpse and then gone. Or, if I'm lucky,
I'll find myself in the soft air

Touching your face as you walk that
Narrow asphalt path by the canal, a breeze
Smelling of salt, of the roots of plants that grow

In damp soil, and you'll stop and look up
And recognize my voice in the rumble of traffic
Or in the wind swaying the powerlines.

Of course, there're no hungry ghosts,
In Japan or here, and all that's left of me
Will be ashes kept in a cardboard box or a small urn

With the label of a funeral home glued underneath—
But that part's not important. If, on some
October night, you remember our walks or something

I said that made you laugh, it'll be enough.

Otra noche de octubre

En Japón dicen que es algo terrible
Ser un fantasma hambriento, que vaga insatisfecho
Por las vidas que ha dejado atrás,

Llamando eternamente una parte de si
Perdida para siempre. El viento
Del este trae lluvia, las nubes se mueven

Rápidamente por el cielo, las hojas de las palmas
Se estiran, luego caen, los cables de la luz
Junto al canal, se mecen y crujen ligeramente.

Tal vez, en una de esas noches estaré ahí
En el rabillo de tu ojo, un animal
Irreconocible en la oscuridad, que cruza la calle,

Que baja por una pared. No querría
Asustarte, así que podría permanecer alejado,
A la sombra de una enredadera de allamanda,

O en las farolas de un carro que pasa, doy sólo
Un vistazo y luego desaparezco. O, si tengo suerte,
Me encontraré en el aire suave

Rozándote la cara mientras caminas por ese
Camino angosto de asfalto junto al canal, una brisa
Que huele a sal, a las raíces de las plantas que crecen

En la tierra húmeda y te detendrás y mirarás hacia arriba
Y reconocerás mi voz en el estruendo del tráfico
O en el viento que agita los cables de la luz.

Desde luego que no hay fantasmas hambrientos,
Ni en el Japón ni aquí, y todo lo que quedaría de mi
Serían cenizas en una caja de cartón o en una urna pequeña

Con la etiqueta de una funeraria pegada debajo.
Pero eso no es importante. Si en alguna
Noche de octubre, recuerdas nuestros paseos

O algo que dije y te hizo reír, eso será suficiente.

Agradecimientos • Acknowledgments

We wish to thank Omar Villasana for his faith in, and patience
with, our project and to George Henson for his advice
and encouragement.
Many thanks as well to the editors and staff of the following
journals in which these poems have appeared:

Alastor: "Ghazal del polvo," "Lo que queda de ti," "Por la
Ventana de un patio sin mangos"
Black Coffee Review: "Falling"
Cagibi: "Ginger Tea," "Té de jengibre"
Cider Press Review: "While I Slept"
Interim: "Cuento breve"
Into the Void: "Treatment"
*Matter: a (somewhat) monthly journal of political poetry and
commentary*: "The Hills of Cali Are Burning," "San Antonio"
Ocotillo Review: "Later On"
Nueva York Poetry Review: "Por la ventana de un patio sin
mangos," "Una noche de octubre en el future"
Panoply: "Heisenberg in the Suburbs"
Revista Abril: "Cuando leía a Orwell en Colombia," "Reading
Orwell in Colombia"
Sequestrum: "Muscovy Ducks"
Sheila-Na-Gig Online: "Afternoon in November," "Black
Olives," "Breaking Curfew," "Clean Sheets," "Sunday,"
"Writing About Your Country"

Suplemento de Realidades y Ficciones: "Clean Sheets,"
"Cuento breve," "Días de calor," "La miel de cada dia,"
"Later On," "Los cristales," "Más Tarde," "Por la ventana de
un patio sin mangos," "Sábanas limpias," "Té de jengibre"
The Wild Word: "Agua," "Barrio empinado," "Hillside Barrio,"
"Cuando llegue la sequía," "When the Rain Stops"
Twyckenham Notes: "October"
Verse Daily: "While I Slept"
Verse-Virtual: "Agua"

Special thanks to the judges of the 2020 Stephen A. DiBiase
Poetry Prize for choosing "Agua" as their first-place winner.
Finally, we are grateful to Ediciones Torremozas and to Sheila-
Na-Gig Editions for granting us permission to use various
poems in this book that appear untranslated in *Cuando llegue
la sequía, Noise of the World, Traveling for No Good Reason,*
and *Remote Cities.*

Acerca de los autores • About the authors

Xɪᴍᴇɴᴀ Góᴍᴇᴢ, poeta colombiana, es autora de los poemarios: Habitación con moscas (Madrid: Ediciones Torremozas, 2016), del poemario bilingüe Último día / Last Day (Weston: Katakana Editores, 2019) y "Cuando llegue la sequía" (Madrid: Ediciones Torremozas, 2021). Sus poemas se han publicado en revistas literarias como: *Álastor, Círculo de Poesía, Nueva York Poetry Review, Gulf Stream, El Golem, La raíz invertida, Baquiana, Nagari* e *Hypermedia*, y traducidos al inglés en *Cagibi, World Literature Today, Interim, Nashville Review, Sheila-Na-Gig, The Laurel Review* y *The Wild Word*. Fue finalista al premio The Best of the Net en el 2018. Es la traductora del poemario bilingüe *Among the Ruins / Entre las ruinas*, de George Franklin (Weston: Katakana Editores, 2018). Tradujo al español *Brown Girl Dreaming* (Miami: Penguin Random House Group – Vintage Español, 2020) de Jacqueline Woodson, (libro ganador del premio National Book Award) y *Una para los Murphy* (Miami: Penguin Random House Group – Vintage Español, 2022). Fue una de las traductoras al español del poemario bilingüe *32 Poems/32 Poemas, de Hyam Plutzik* (Miami: Suburbano Ediciones, 2021). Reside en la actualidad en Miami, Estados Unidos.

GEORGE FRANKLIN es autor de otros cinco poemarios: *Among the Ruins / Entre las ruinas* (Katakana Editores), *Remote Cities, Noise of the World* y *Traveling for No Good Reason* (Sheila-Na-Gig Editions), además de una plaquette, *Travels of the Angel of Sorrow* (Blue Cedar Press). Sus poemas se han publicado en numerosas revistas literarias, entre ellas: *Solstice, Rattle, Another Chicago Magazine, Threepenny Review, Cagibi, New York Quarterly, Tar River Poetry, The Ekphrastic Review* y la antología *Sharing This Delicate Bread: Selections from Sheila-Na-Gig online 2016-2021*. Además traducciones de Ximena Gómez al español han aparecido en *Nagari, La libélula vaga, El Golem, La raíz invertida, Revista Abril, Revista Conexos, Álastor,* y *Suplemento de realidades y ficciones*. Ejerce la abogacía en Miami, imparte talleres de poesía en cárceles de Florida y es traductor adjunto, de *Último día / Last Day*, junto con la autora Ximena Gómez. Página web: https://gsfranklin.com/

The Colombian poet Xɪᴍᴇɴᴀ Góᴍᴇᴢ is the author of *Habitación con moscas* (Madrid: Ediciones Torremozas, 2016), *Cuando llegue la sequía* (Madrid: Ediciones Torremozas, 2021) and the dual-language collection *Último día / Last Day* (Weston: Katakana Editores, 2019). Her poems have appeared in numerous literary journals, including *Álastor, Círculo de Poesía, Nueva York Poetry Review, Gulf Stream, El Golem, La raíz invertida, Baquiana, Nagari* and *Hypermedia*, and have been translated into English in *Cagibi, World Literature Today, Interim, Nashville Review, Sheila-Na-Gig, The Laurel Review*, and *The Wild Word*, and in 2018, she was a finalist for *Best of the Net*. She is the translator of George Franklin's dual-language poetry collection *Among the Ruins / Entre las ruinas*, (Weston: Katakana Editores, 2018), Jacqueline Woodson's National Book Award winner *Brown Girl Dreaming* (Miami: Penguin Random House Group – Vintage Español, 2020), and *Una para los Murphy* (Miami: Penguin Random House Group, Vintage Español –2022). Her translations are also included in *32 Poems/32 Poemas, de Hyam Plutzik* (Miami: Suburbano Ediciones, 2021). She currently lives in Miami, Florida, in the United States.

GEORGE FRANKLIN is the author of five previous poetry collections: *Among the Ruins / Entre las ruinas* (Katakana Editores), *Remote Cities, Noise of the World*, and *Traveling for No Good Reason* (Sheila-Na-Gig Editions), and a chapbook, *Travels of the Angel of Sorrow* (Blue Cedar Press). His poems have been widely published in literary journals, including *Solstice, Rattle, Another Chicago Magazine, Threepenny Review, Cagibi, New York Quarterly, Tar River Poetry, The Ekphrastic Review*, and the anthology *Sharing This Delicate Bread: Selections from Sheila-Na-Gig online 2016-2021*, and translations into Spanish by Ximena Gómez have appeared in *Nagari, La libélula vaga, El Golem, La raíz invertida, Revista Abril, Revista Conexos, Álastor,* and *Suplemento de realidades y ficciones*. He practices law in Miami, teaches poetry workshops in Florida prisons, and co-translated, along with the author, Ximena Gómez's *Último día / Last Day*. Website: https://gsfranklin.com/